平凉崆峒山青少年研学旅行

PINGLIANG KONGTONGSHAN
QINGSHAONIAN YANXUE LÜXING

王昕 ◎ 主编

旅游教育出版社
·北京·

《平凉崆峒山青少年研学旅行》编委会

编委会主任：何永刚

编委会副主任：莫继武　张　涵

主　　　编：王　昕

编委会成员：
　　　　　　巩　华　　张海斌　　朱孔学　　韩丰斌
　　　　　　宋光辉　　胡利成　　张晓爱　　霍红蕾

学术顾问：
　　　　　　吴殿廷　　朱祖希　　刘洪利　　张佑印

特别鸣谢北京山水凤凰旅游文化发展有限公司全体同仁

前　言

在2018年的全国教育大会上，习近平总书记重点阐述了构建德智体美劳全面发展的教育体系的重要性，并强调了提升人才培养水平的紧迫性。在常规的学校教育中，课程设置、日常教学和考试评价常按学科划分。研学旅行则具有其独特性，它不仅仅是一次简单的旅行，而是将研究性学习与丰富的旅行体验相结合，为学生提供了一个独特的校外教育和实践活动平台，旨在让学生在实践中"研"有所得，"学"有所获。

2016年12月，教育部等11部门《关于推进中小学生研学旅行的意见》指出，研学旅行对学生有多重益处，包括培养社会主义核心价值观，增强对党和国家的热爱；推动素质教育，创新人才培养模式；促进学生将书本知识与实践活动相结合；提高生活质量，满足旅游需求，并培养文明旅游习惯。

崆峒山，位于甘肃省平凉市西郊12千米处，其独特的地质地貌和丰富的历史文化，以及独特的崇文尚武的精神，为研学教育提供了优越而丰富的条件。为深化崆峒山的研学教育，出版此本全面、系统且有趣的研学书籍，以"行游崆峒，学有所乐"为主题，旨在帮助学生"知行合一"，通过崆峒山研学实践链接学科知识，在旅行中拓宽视野，在学习中获得乐趣，学生能够在

轻松愉悦的氛围里，品味崆峒文化精髓，提升自身综合素质。

该书籍主要面向前往崆峒山进行研学旅行的研学旅行指导师及中小学生，分为学生版和研学旅行指导师版。使用时需注意以下几点：

研学旅行指导师与讲解员应密切协作，确保教学顺利进行。学生版每讲分为导读、正文和小练习三部分。研学旅行指导师需提前准备研学旅行指导师版内容及学生版的导读部分，景区专业讲解员主导景区的讲解，研学旅行指导师辅助教学；小练习部分则用于巩固和深化学习。

书籍内容灵活性强，可根据实际情况选择内容。它围绕崆峒山的地质地貌、天文、气候、历史、文化等方面展开，研学旅行指导师和景区专业讲解员可结合行程和学生兴趣，灵活调整教学内容。

讲授与活动时间应合理分配。书籍内融入丰富的知识，穿插互动环节，旨在激发学生的学习兴趣。研学旅行指导师需控制讲授时间，注重学生的实践体验，培养其各项综合能力。

总之，此书籍旨在搭建崆峒山研学旅行的完整课程框架，帮助学生全面了解崆峒山，激发对综合学科的兴趣，进而提升学生们的综合素质。

目 录

第一部分　学生版

绪论　踏石寻幽　解密山语 …………………………………… 003

第一讲　崆峒丹霞　天赐奇葩 …………………………………… 007

第二讲　穿越云霭　解密奥秘 …………………………………… 019

第三讲　崆峒夜话　天文梦寻 …………………………………… 028

第四讲　西极名山　真灵萃此 …………………………………… 038

第五讲　拜谒胜道　感悟崆峒 …………………………………… 056

第六讲　古建相拥　石刻探奇 …………………………………… 067

第七讲　"非遗"遗韵　匠心独具 ………………………………… 079

第八讲　黑白对局　围棋之圣 …………………………………… 089

第九讲　山色秀美　诗韵千古 …………………………………… 098

第十讲　崆峒武术　威震西陲 …………………………………… 112

第十一讲　绿意轻旅　低碳出行 ………………………………… 124

第二部分　研学旅行指导师版

第一讲　研学基地规划与实施指南 …………………………… 133
第二讲　崆峒山地理类研学课程 ……………………………… 139
第三讲　崆峒山天文类研学课程 ……………………………… 147
第四讲　崆峒山自然类研学课程 ……………………………… 158
第五讲　崆峒山历史类研学课程 ……………………………… 169
第六讲　崆峒山人文类研学课程 ……………………………… 177
第七讲　崆峒山国学类研学课程 ……………………………… 185
第八讲　崆峒山文化类研学课程 ……………………………… 192
第九讲　崆峒山红色类研学课程 ……………………………… 201
第十讲　崆峒山体验类研学课程 ……………………………… 210
第十一讲　崆峒山身心健康类研学课程 ……………………… 219
第十二讲　崆峒山研学旅行路线及内容建议 ………………… 231
第十三讲　研学总结 …………………………………………… 244

附件 …………………………………………………………… 245

参考文献 ……………………………………………………… 253

第一部分
学生版

绪　论　踏石寻幽　解密山语

第一讲　崆峒丹霞　天赐奇葩

第二讲　穿越云霭　解密奥秘

第三讲　崆峒夜话　天文梦寻

第四讲　西极名山　真灵萃此

第五讲　拜谒胜道　感悟崆峒

第六讲　古建相拥　石刻探奇

第七讲　"非遗"遗韵　匠心独具

第八讲　黑白对局　围棋之圣

第九讲　山色秀美　诗韵千古

第十讲　崆峒武术　威震西陲

第十一讲　绿意轻旅　低碳出行

绪论　踏石寻幽　解密山语

崆峒山（见图1），这座屹立于甘肃省平凉市崆峒区城西约12千米处的中国古老名山，地处陕、甘、宁三省区的交会地带，是陇东黄土高原的石质山地，被泾河及其支流胭脂河环绕。

图1　崆峒山

崆峒山峰林耸峙，幽壑纵横，仿佛是大自然精心雕琢的艺术品。山上古木参天，郁郁葱葱，为这片古老的土地增添了无尽的生机与活力。而那些错落有致的建筑，则像是历史的见证者，默默地诉说着崆峒山的辉煌与传奇。

崆峒山的山体高度令人惊叹，在海拔1456米至2123.5米之间起伏，垂直

高度高达667.5米，主峰海拔达到了2123.5米，总面积则达到了83.6平方千米。崆峒山地形地貌独特，拥有黄土高原上独有的石柱峰林等丹霞地貌及地质构造遗迹，具有很高的观赏价值和重要的科研价值。

崆峒山森林覆盖率达95%以上，植被覆盖繁茂，动物种类丰富，为崆峒山营造了一个清新宜人的环境。

崆峒山自古素有"道源圣地"之美誉，历史上曾有众多的文人墨客和帝王将相前来游历，如轩辕黄帝、秦始皇、汉武帝等，并留下了丰富的历史文化遗产。崆峒山还是中国武术的发祥地之一。崆峒武术以其独特的手法、套路和技击功夫而自成一体，强调实打、实拿，旨在强身健体和增加功力。这种独特的武术文化，不仅为崆峒山增添了浓厚的文化底蕴，也让更多的人对崆峒山充满了向往与好奇。

此外，崆峒山的古建筑群也是其一大特色。这些建筑群初建于唐宋时期，由皇城建筑群、雷声峰建筑群和凌空塔三部分组成，现存16处文物点，总建筑面积达到了2339平米。这些古建筑群与山峰景观融为一体，将人文景观与自然景观完美结合，为崆峒山增添了一份古朴典雅的气息。

崆峒山以其独特的魅力和深厚的文化底蕴，吸引着无数游客的目光。走进崆峒山，我们仿佛走进了一个古老而神秘的世界。在这里，我们可以感受到大自然的神奇魅力，也可以领略到崆峒文化的独特韵味。

活动

首先，查阅相关资料，了解崆峒山景区的基本概况，选取你感兴趣的景点和内容，试着在书内所附的"崆峒山景区导游图"（见图2）上，设计一条自己的研学旅行路线，要求有以下几点：

1. 综合考虑时间、交通等因素，确保线路设计既合理又可行。
2. 研学旅行路线不仅要涵盖美景的游览，更要融入考察学习的内容，以达到寓教于游的目的。

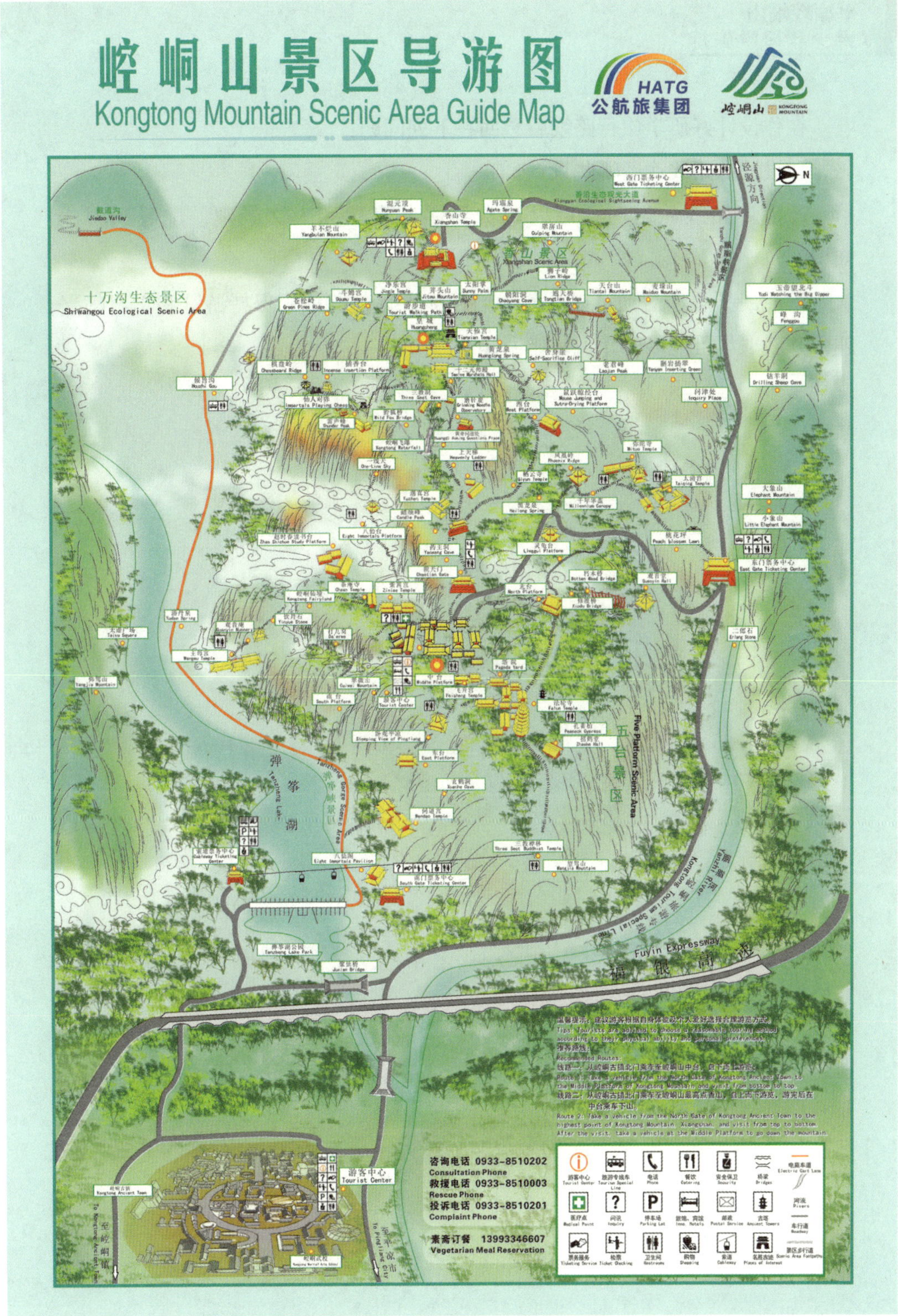
崆峒山景区导游图
Kongtong Mountain Scenic Area Guide Map
HATG
公航旅集团
崆峒山 KONGTONG MOUNTAIN
十万沟生态景区
Shiwangou Ecological Scenic Area
香山景区
Xiangshan Scenic Area
五台景区
Five Platform Scenic Area
弹筝湖
Tanzheng Lake
Fuyin Expressway
福银高速
温馨提示：建议游客根据自身体能及个人爱好选择合理游览方式。
Tips: Tourists are advised to choose a reasonable touring method according to their physical ability and personal preferences.
推荐路线：
Recommended Routes:
线路一：从崆峒古镇北门乘车至崆峒山中台，自下而上游览。
Route 1: Take a vehicle from the North Gate of Kongtong Ancient Town to the Middle Platform of Kongtong Mountain and visit from bottom to top.
线路二：从崆峒古镇北门乘车至崆峒山最高点香山，自上而下游览，游完后在中台乘车下山。
Route 2: Take a vehicle from the North Gate of Kongtong Ancient Town to the highest point of Kongtong Mountain, Xiangshan, and visit from top to bottom. After the visit, take a vehicle at the Middle Platform to go down the mountain.
咨询电话 0933-8510202
Consultation Phone
救援电话 0933-8510003
Rescue Phone
投诉电话 0933-8510201
Complaint Phone
素斋订餐 13993346607
Vegetarian Meal Reservation
游客中心
Tourist Center
旅游专线车
Tourism Special Line
电话
Phone
餐饮
Catering
安全保卫
Security
桥梁
Bridges
电瓶车道
Electric Cart Lane
医疗点
Medical Point
问讯
Inquiry
停车场
Parking Lot
宾馆、酒店
Inns, Hotels
邮政
Postal Service
古塔
Ancient Towers
河流
Rivers
车行道
Roadway
票务服务
Ticketing Service
检票
Ticket Checking
卫生间
Restrooms
购物
Shopping
索道
Cableway
名胜古迹
Places of Interest
景区步行道
Scenic Area Footpaths

图 2　崆峒山景区导游图

在你设计好研学旅行路线后，回答下列问题：

1. 设计的路线途经哪些景点？

2. 沿着路线旅行时，可以观赏到哪些自然和人文景观，学习到哪些知识？

3. 开展哪些小活动可以让同学们在你设计的路线中保持游览和学习的兴趣，并获取尽可能多的知识和能力提升？

第一讲　崆峒丹霞　天赐奇葩

导读

我国幅员辽阔,地域广袤,自然风光壮丽多姿,地质类型丰富多样,其中丹霞地貌在我国发育较广泛,主要分布在东南集中分布区(地跨闽、浙、赣、湘、粤、桂等省区)、西南集中分布区(地跨川、贵、渝三地)、西北集中分布区(地跨青藏高原东北部和黄土高原西部),以其独特的地貌特征和美学价值,吸引了无数人的目光。

崆峒山景区内的丹霞地貌(见图1-1)地质遗迹分布面积广泛,并且连片集中,规模宏大,气势磅礴,地貌特征保存完好,极具特色,是国内丹霞地貌地质的典型代表,为科学研究和科普教育提供了极佳场所。本讲通过对崆峒山丹霞地貌的实地考察,了解学习丹霞地貌的形成过程,以及全国有哪些丹霞景观,增进学生对地理地质学科的学习兴趣,帮助学生更深入地了解国情,培养青少年的爱国

图1-1　崆峒山丹霞地貌

主义情怀。

课程活动范围

- 香山
- 棋盘岭一带
- 中台

课程目标

- 了解崆峒山丹霞地貌特点。
- 了解崆峒山的地质构造及地质资源分布。
- 科学使用考察工具,学习野外地质考察方法。
- 培养学生的文化自信和民族自豪感。

准备材料

- 放大镜
- 手机或相机
- 笔和本

一、丹霞地貌的形成及分布

丹霞地貌的形成过程,实际上是地壳内部与外部环境长期相互作用的结果。在地壳运动的推动下,红色砂岩或砾岩层逐渐隆起,形成了山丘、峡谷等多样化的地形。同时,风化侵蚀作用也在不断地改变着这些地形的形态,使其呈现出千姿百态的景观。具有奇、险、秀、美的丹霞赤壁及千姿百态的造型具有很高的游览和观赏价值。这些地貌在中国广泛分布,尤其是在热带、亚热带湿润区,以及温带湿润－半湿润区、半干旱－干旱区和青藏高原高寒区,主要分布在东南沿海、云、贵、川、桂北、湘南、陇、冀北等地。

二、"丹霞地貌"名称的由来

"丹霞"名称的由来是曹丕的《芙蓉池作诗》中"丹霞夹明月,华星出云间",描写了天上的彩霞。丹霞地貌是中国人自己发现、命名并做了系统研究的一种地貌类型。"丹霞"是唯一由中国人命名的地学名词。早在1928年,获美国哥伦比亚大学地质学硕士学位的矿床学家冯景兰在广东、广西等地进行地质调查时,就注意到了丹霞山广泛分布的红色砂砾岩层。他立刻意识到这是一种独特的地貌景观,没有任何一部西方学术著作提到过它。于是,冯景兰开始研究这种特别的红色岩层,并用丹霞山色如渥丹,灿若明霞的"丹霞"二字将其命名为"丹霞层"。1938年,著名的构造地质学家陈国达在对丹霞山及华南地区的红石山做了深入研究之后,把这种红色岩层上发育的地貌,以发育最典型的丹霞山为名,命名为"丹霞地形"。

1977年,地貌学家曾昭璇第一次把"丹霞地貌"按地貌学术语进行使用。此后,对这一地貌的研究也在不断深入。

2009年5月,首届丹霞地貌国际学术讨论会在广东韶关丹霞山召开,这个完全由中国人自己命名的地貌类型,获得了国际学术界的广泛认可。同年,在《中国国家地理》杂志社和中国地理学会共同发起的"中国地理百年大发现"的评选活动中,丹霞地貌的发现名列其中。

三、崆峒山丹霞地貌概况

崆峒山是祁吕贺兰山字型构造体系[①]的脊柱,贺兰山—六盘山褶带的南延部分,处于华北地台的西南边缘,地处六盘山东麓与陇东黄土高原的接合部(见图1-2),地势西高东低。崆峒丹霞既有西北丹霞雄浑壮观的特征,又与南方发育的碧水丹霞类似,其形成源于中三叠世末至上三叠世初发生的一

---

① 地质学术语:祁吕贺兰山字型构造体系(Qilian shan Lüliangshan Helanshan epsilon structural system)是横亘于阴山—天山和秦岭—昆仑两个纬向构造带之间,前弧弧顶位置在六盘山南端的宝鸡以西的一个规模巨大的山字形构造。

次强烈造山运动，巨大的运动使现今崆峒山的东北、西南一带产生了一个山间盆地，水流侵蚀的作用将周围山地的砾石、泥沙沉积到盆地中，经过剧烈的风化作用和氧化作用，沉积的风化物质逐渐呈现紫红色。这些紫红色砾石、泥沙在盆地中越堆越厚，在高压高温的条件下，被胶结形成了紫红色砾岩，称为崆峒山砾岩。

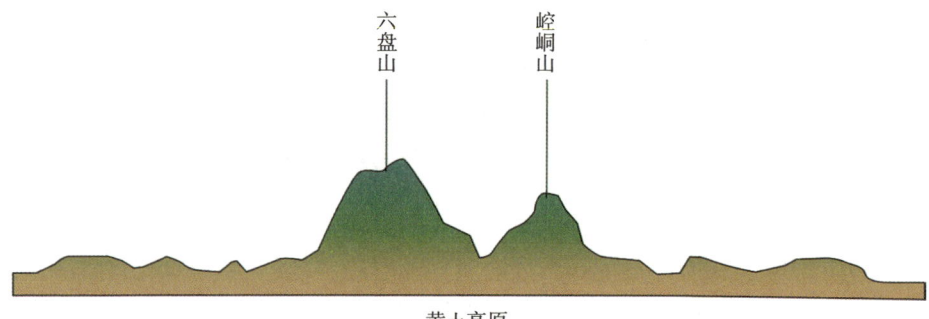

图1-2 崆峒山与周围地质地貌的关系示意图

崆峒山丹霞地貌形成时间久远，是我国迄今为止所发现的年代最久的紫红色岩层（见图1-3）所形成的丹霞地貌，以中台一带表现得最为典型，是国内黄土高原上罕见的独有奇观，具有很高的科研价值。

图1-3 紫红色岩层的图片

> ※ 小实践
>
> 在研学旅行指导师的指导下，利用放大镜找一找身边可见的紫红色砾岩。

> ➡ 小思考
>
> 观察所见到的紫红色砾岩层外观形象，看其颜色均匀吗？为什么？

直到早三叠世末或侏罗纪初期，崆峒山地区又发生了一次造山运动，致使以前产生的盆地被破坏，由先前的沉积作用转变为侵蚀、剥蚀作用，加上其后的燕山运动和喜马拉雅运动，给崆峒山砾岩带来了新的变动，产生了许多断裂和节理[①]，以垂直节理（见图1-4）最为突出。

图1-4 垂直节理

大自然漫长的侵蚀与剥蚀，使崆峒山地区形成一个古老的陆地平面，现今高达2000至2100米的崆峒山陆地平面，就是这个古老陆地平面的残留部

---

① 节理，也称为裂隙，是岩体受力断裂后两侧岩块没有显著位移的小型断裂构造。节理是很常见的一种构造地质现象，就是我们在岩石露头上所见的裂缝，或称岩石的裂缝。

分。在第三纪及第四纪期间，本区发生数次间歇性上升运动，造成不同高度的陆地平面和泾河及胭脂川两个深邃峡谷。泾河和胭脂川有着较大的侵蚀能力，对陆地平面进行合力切割，产生了许多沟壑并引起崩塌后退，因而产生了各种丹霞地貌，是其成为崆峒名山的基础。

> ➡ **小思考**
>
> 1. 思考崆峒山丹霞地貌的形成，经历了多少次地质变迁？
> 2. "崆峒"一词的来源之一就是"空洞"，想一想是否与此处的地质有关系？

崆峒山的丹霞地貌（见图1-5）独具特色，甚为丰富多彩，其特点概括为顶平、身陡、麓缓。

图1-5　崆峒山丹霞地貌

顶平，是指受古老"夷平面"及较缓的岩层面所控制，从而在山顶形成较平缓的地面。其上有一部分覆盖有薄层黄土，林木葱郁，众多道观和佛寺便坐落于此，平添了一份宁静与庄重。

身陡，则是由于岩层中的垂直节理控制，使得山体在侵蚀和崩塌的作用下，形成了众多高耸的悬崖峭壁，高度可达数十米至一二百米。在这些崖壁上，节理与节理或节理与层理相交之处，容易受风化剥落，形成了大小不一的洞穴。崖壁间还形成了石堡、石墙等奇特景观，为崆峒山增添了不少惊险与神秘（见图1-6）。

麓缓，则是由崩塌的岩块和岩屑堆积而成，其中一些较大的岩块及其下方的空洞，形成了一些独特的小景点。这些崩积缓坡上绿树成荫，景色宜人，别有一番风味。

※ 小实践

画出所见的崆峒山丹霞地貌的形状及色彩，用画笔记录你眼中的丹霞地貌。

图1-6　崆峒山丹霞地貌

➡ 小思考

寻找并观察地质层理构造，并用自己的语言描述一下此地质层理构造的类型及特点。

知识拓展

（一）中国特殊地貌类型有哪些

中国作为一个幅员辽阔、自然资源丰富的国家，除了丹霞地貌外还拥有各种各样的特殊地貌类型。这些地貌类型独特的形成过程和景观特征，展现出中国地质地貌多样性的魅力。

1. 喀斯特地貌

喀斯特地貌的独特形成过程，关键在于地表水和地下水对可溶性岩石的持续溶蚀作用。这种溶蚀不仅使得岩石逐渐坍塌，还促使水中溶解的石灰岩细碎物质发生沉淀。随着这一过程的持续，大量溶洞、石芽、石林等自然景观逐渐成形。值得注意的是，大量的地表水往往通过特殊的竖向通道——落水洞，流入地下。在这些落水洞中，尤以广西、四川等地的"天坑"为特色，它们以其宏大和独特的形态，成为喀斯特地貌中的标志性景观。

2. 雅丹地貌

雅丹地貌是新疆罗布泊地区的一种特殊的地貌形态，是一种典型的风蚀性地貌。它是河湖相土状沉积物，经风化作用、间歇性流水冲刷和风蚀作用，形成与盛行风向平行、相间排列的风蚀土墩和风蚀凹地（沟槽）地貌组合。

3. 岱崮地貌

岱崮地貌是中国山东省沂蒙地区独有的一种地貌景观。中国地理学会依据山东省临沂市蒙阴县岱崮镇全国最集中的崮形地貌现象，将原"方山地貌"正式更名为"岱崮地貌"。"崮"的成因主要是古生代寒武纪石灰岩经受了强烈的地壳切割和抬升运动。地壳切割和抬升运动区经过侵蚀、溶蚀、重力崩塌和风化等多重动力作用，形成了现在外表呈圆形、山顶平展、周围峭壁如削、峭壁以下陡坡逐渐由陡到缓的崮，多呈驼、帽、桌和鸡冠等形态。主要分布在蒙阴、沂水、沂源等鲁中南山区。

4. 张家界地貌

张家界地貌是砂岩地貌的一种独特类型，主要由石英砂岩构成，经过流水侵蚀、重力崩塌、风化等自然力量的共同作用，形成了独特的景观。这些景观以棱角平直、高大石柱林为主要特色，同时包括深切嶂谷、石墙、天生桥、方山、平台等多种造型地貌。中国华南板块特定的地质构造背景和亚热带湿润区的气候条件，共同孕育了张家界地貌这一壮丽的自然奇观。

5.嶂石岩地貌

嶂石岩地貌，得名于河北赞皇县的嶂石岩村，主要分布于太行山区。这种地貌主要由易风化的薄层砂岩和页岩构成，形成绵延数公里的岩墙峭壁，特别是三叠崖壁。它大部分由红色石英岩构成，顶层则覆盖着石灰岩。从远处望去，这些赤壁丹崖宛如一幅幅壮美的画卷，令人叹为观止。地质和地理学家们将其命名为嶂石岩地貌。

（二）中国有哪些重要的丹霞地貌

丹霞地貌是一种独特而美丽的自然景观。它以色彩斑斓、形态各异的特点吸引着无数游客的目光。中国作为一个地质旅游资源丰富的国家，拥有众多令人惊叹的丹霞地貌。

1.甘肃张掖

张掖丹霞地貌分布于祁连山北麓甘肃省张掖市，是中国丹霞地貌发育最大最好、地貌造型最丰富的地区之一，是中国彩色丹霞和窗棂状宫殿式丹霞的典型代表。这里的丹霞地貌以红色砂砾岩为主，经过长期的风化和侵蚀，形成了五彩斑斓的峰林、峡谷和石柱，层级错落交替、岩壁陡峭、气势磅礴、形态丰富、色彩斑斓，有七彩峡、七彩屏、七彩大扇贝、火海、刀山等奇妙景观，令人不得不赞叹大自然的鬼斧神工。

2.贵州赤水

赤水丹霞地貌分布于中国贵州省赤水市和习水县境内，总面积约1300平方千米，是中国面积最大的一处丹霞地貌区域，在地质发育史上属丹霞地貌青年早期，因其艳丽鲜红的丹霞赤壁，拔地而起的孤峰窄脊，仪态万千的奇山异石，巨大的岩廊洞穴和优美的丹霞峡谷，与绿色森林、飞瀑流泉相映成趣，赤水丹霞成为具有较高观赏价值的旅游景点。

3.湖南崀山

崀山丹霞地貌分布于湘西南边陲的新宁县境内，总面积128平方千米。崀山地貌类型多样，以壮年期丹霞峰丛峰林地貌为典型特色，集"雄、奇、险、秀、幽、旷、野"于一身。在我国已发现的1100余处丹

霞地貌中，崀山是景色最优美、发育最完整、特色最鲜明、生物最丰富、人景最和谐的丹霞地貌区之一。

4. 广东丹霞山

位于广东省韶关市东北侧，是南岭南麓的一个山间盆地，丹霞山总面积292平方千米，是广东省面积最大的风景区和以丹霞地貌景观为主的风景区和世界自然遗产地，也是世界"丹霞地貌"命名地。由680多座顶平、身陡、麓缓的红色砂砾岩石构成，是目前在世界已发现的1200多处丹霞地貌中发育最典型、类型最齐全、造型最丰富的丹霞地貌集中分布区。

5. 江西龙虎山和龟峰

龙虎山和龟峰，作为"中国丹霞"的重要组成部分，于2010年一并列入了世界自然遗产名录。龙虎山位于江西省鹰潭市，是一处典型的丹霞地貌景区，其最显著的特点是地貌的多样性，展现了幼年期、壮年期、老年期丹霞地貌的完整序列。这里的红色砂砾岩经过长期的风化和侵蚀，形成了众多形态各异的峰林、峡谷和溶洞。龟峰位于江西省弋阳县，是雨水侵蚀型壮年晚期丹霞地貌典型代表。地貌景观以方山、石寨、石墙、陡崖为特征。溶蚀风化洞穴常顺层密集分布，呈蜂窝状洞穴。蜂窝状洞穴在丹霞地貌景区都有发育，但以龟峰景区的展旗峰为突出典型。

6. 福建泰宁

泰宁丹霞地貌分布于福建省泰宁县，由金湖和上清溪南北两大片区组成，总面积234.88平方千米，其中核心区110.87平方千米，缓冲区124.01平方千米，是中国东南地区一处典型的丹霞地貌景区，以"最密集的网状谷地、最发育的崖壁洞穴、最完好的古夷平面、最丰富的岩穴文化、最宏大的水上丹霞"为特色。这里的丹霞地貌以红色砂砾岩为主，经过长期的风化和侵蚀，形成了独特的"水上丹霞"景观。

7. 浙江江郎山

江郎山丹霞地貌分布于浙江衢州，是丹霞地貌景观演育到最终阶段的突出代表。江郎山三峰四周皆为丹霞赤壁,突起于500米左右的山顶之上,其丹霞高度,最高处达319米,挺拔巍峨,在国内丹霞地貌中至今尚未发现第二座如此高耸矗立之丹峰,堪称"全国丹霞第一奇峰",有"雄奇冠天下,秀丽甲东南"之称。

➡ 小练习

1. 请为中国几大特殊地貌正确连线,将地貌特征与名称一一对应上。

喀斯特地貌

丹霞地貌

雅丹地貌

岱崮地貌

  2. 模拟崆峒山景区导游员，尝试向研学旅行指导师和同学介绍崆峒山丹霞地貌。

  3. 利用自己拍摄的照片，结合相关文字资料，制作"丹霞地貌学习汇报"手抄报，要求条理清晰，图文并茂。

  4. 实地了解崆峒山丹霞地貌，通过查阅资料，学习总结崆峒山丹霞地貌与国内其他地区丹霞地貌有哪些不同？

第二讲　穿越云霭　解密奥秘

导读

在群山之巅，苍穹之下，奇特的山峰与绿意盎然的植物在云雾中若隐若现，如梦似幻，气象万千。从空中俯瞰，崆峒山漫漫云海在山谷丛林间涌动，白云轻雾时而飞升山巅，时而缠绵山腰……降雨后经过雨水洗涤的崆峒山，白雾朦胧、美若仙境，时常上演云海奇观。本节以崆峒山气象为研学对象，带领同学选择雨后初晴的一天，观察崆峒山的云海奇观。这不仅能让大家领略到自然之美，还能激发同学对影响气候因素的深入思考，从而培养科学探索的兴趣，提升审美鉴赏能力。

课程活动范围

- 中台、香山、雷祖殿

课程目标

- 通过实地感受景区的局部气候，思考影响气候的因素。
- 学会判断不同的气象现象，了解云海等气象的形成因素。
- 能够选取典型的云进行拍摄，培养科学兴趣，提高美学素养。
- 感受到气象万千的魅力，意识到自然力量的神奇。

准备材料

- 任务考察表
- 手机或相机
- GPS 记录设备
- 温湿度计、风速仪
- 风旗材料包
- 笔和本

一、海拔与温度、风力的关系

崆峒山的海拔在 1456 米到 2123.5 米之间，主峰海拔达到了 2123.5 米，垂直高度为 667.5 米。这样的海拔意味着崆峒山的气候与低海拔地区相比会有显著的不同，特别是温度变化和风力变化方面。

一般来说，随着海拔的上升，气温逐渐下降，大约是每上升 100 米，气温下降 0.6℃。这是由于大气压力随着海拔升高而降低，空气稀薄，热量保留能力减弱。由于崆峒山位于甘肃平凉市，属于温带大陆性气候区，日夜温差本就较大，再加上高海拔的影响，使得崆峒山的温度变化更加显著。在白天，由于阳光照射和人为活动量的增加会使气温相对较高；而到了夜晚，由于缺少阳光照射和人为活动量的减少，气温会迅速下降，尤其是在凌晨时分，有时会达到冰点以下。

在崆峒山的低海拔区域，风力通常较小。由于接近地面，受到地表下垫面摩擦力的影响，风速相对较小。同时，低海拔地区的植被较为茂密，树木和其他植被对风有一定的阻挡作用，进一步减弱了风力。

随着海拔的逐渐升高，风力开始逐渐增强。这是因为随着高度的增加，地表摩擦力对风的影响逐渐减弱，风受到的阻碍减少，因此速度会增加。此外，高海拔地区的气压差异也较大，这也会导致风力增强。到达崆峒山的高海拔区域，风力通常最为强劲。这里空气稀薄，地表摩擦力几乎可以忽略不计，风可以自由地流动。同时，高海拔地区的气温较低，空气密度大，这也使得风力更加强劲。在特定的天气条件下，如冷空气南下或暖湿气流上升，还可能形成大风天气。

因此，高海拔区域的气温通常会比低海拔地区低，风力通常会比低海拔地区大。特别是在冬季，这种变化可能更加明显。

※ 小实践

1.利用手里的温湿度计和风速仪，在上山过程中，分别在山脚、中途、山顶不同位置对海拔、温度、湿度、风力进行记录。

指标/位置	游客中心（山脚）	中台	香山（崆峒山最高峰）
海拔（米）			
温度（℃）			
湿度（%）			
风力（等级/米/秒）			

2.利用手里的风旗材料包，自制测风小工具——风旗，利用风旗感受不同风力的变化。

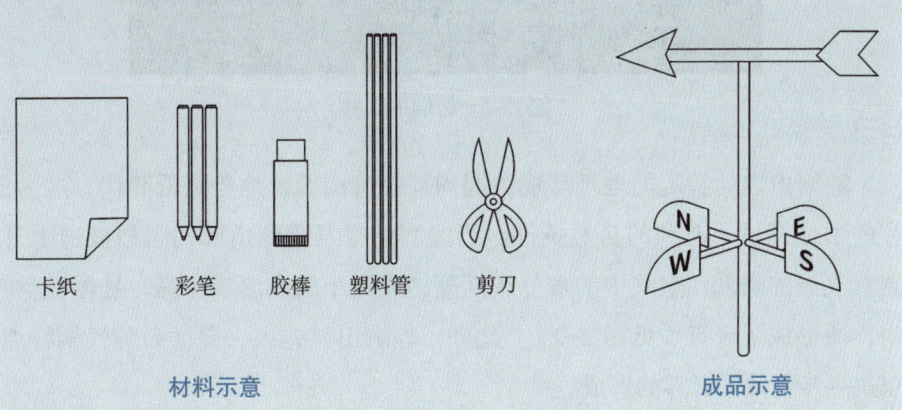

材料示意　　　　　　　　　　　　　　成品示意

> **➡ 小思考**
>
> 1. 从山脚到山顶观测点，海拔上升了多少米？温度发生了怎么样的变化？仔细观察沿途的自然植被景观有什么不同？
> 2. 分析不同观测点的风力有什么变化，分析不同海拔、不同位置对风力和风向有哪些影响？

二、崆峒山云雾现象

崆峒山的云雾（见图2-1），是一种独特而迷人的自然景观，其形成与表现都充满了自然的魅力，更为崆峒山增添了一丝神秘感。

图 2-1　崆峒山云雾

崆峒山地处特定的地理环境，四周环绕着山脉，地势高低起伏，这为云雾的形成提供了有利的自然条件。当湿润的空气受到山脉的阻挡被迫上升，随着气温的降低，空气中的水分逐渐凝结成微小的水滴或冰晶，悬浮在空气中，便形成了云雾（见图2-2）。此外，崆峒山温差大、湿度高等气候特点，也进一步促使了云雾的形成。

图 2-2 崆峒山云雾

云雾在崆峒山的表现形态各异，有时像轻纱般缭绕在山腰，给人一种朦胧而神秘的感觉；有时又像浓雾般弥漫在整个山谷，使人仿佛置身于仙境之中。在阳光的照射下，云雾还会呈现出五彩斑斓的色彩，与周围的山石、树木相互映衬，构成了一幅幅美丽的画卷。

"上山直上山之巅，五色祥光映晓烟。鸟道云冠迷去路，深沟雾锁听流泉。"每当山间的云雾与清早的朝阳组合成特殊的角度时，天空中会展现出仿佛光一样的景象，美不胜收（见图 2-3）。

图 2-3 崆峒山云雾

> **➡ 小思考**
> 回忆过往看到的气象现象,与研学旅行指导师和同学们分享讨论。

三、崆峒山云海现象

崆峒山的云海现象(见图2-4)是其一大自然奇观。尤其是在夏末初秋季节,随着昼夜温差加大和水汽增加,云海出现的概率会显著提高。

图2-4 崆峒山云海

云海的形成与气候、地形密切相关(见图2-5)。崆峒山海拔较高,山体上方空气较寒冷,而山里温度相对较高,湿气较大。这种冷热交汇形成了云雾,当云雾数量达到一定程度时,便形成了壮观的云海。尤其在雨后初晴的天气里,阳光透过云层,将云海映照得如诗如画,令人仿佛置身于仙境之中。

在崆峒山观赏云海,最佳地点之一是雷声峰。这里不仅可以观赏云海,还可以观赏日出,当太阳初升,金色的阳光洒在云海上,云海仿佛被点燃,熠熠生辉,美不胜收。雷声峰是崆峒山的高处,可以俯瞰整个崆峒山云海景区,云海中的崆峒山美景如画,千姿百态的高山群峰在云海中若隐若现,更增添了几分神秘和魅力。

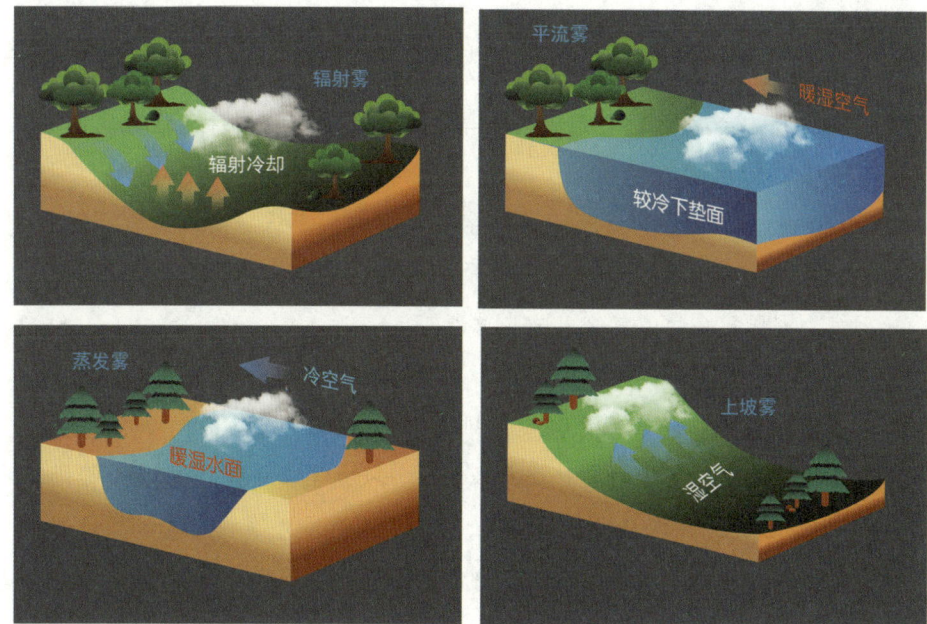

图 2-5 形成不同云雾的示意图

> **➡ 小思考**
>
> 通过研学旅行指导师的讲解,分析在云海变化过程中,哪些因素最为关键?

知识拓展

(一)海拔与大气压强

海拔与大气压强的关系,简单地说就是:大气压强就像是空气对我们周围物体的压力。所以想象一下,海拔越高,大气压强就越小,如果我们站在山脚下,空气就像很多小人一样,从四面八方紧紧地压着我们。

但当我们登上山顶,这些小人就变得少了,压力也就变小了。这是因为,海拔越高,空气就越稀薄。空气稀薄了,压强自然也就小了。所以,当我们爬山时,会感到空气越来越稀薄,呼吸也越来越困难,这就是因为大气压强在减小。

总的来说,海拔和大气压强是密切相关的。海拔越高,大气压强就越小,我们的呼吸也就越困难。这也是为什么在高山上,人们会感到呼吸困难,需要更多的氧气来补充身体所需。

(二)风力歌

风力分级是一种表示风强度(风力)的方法,通常根据风吹到地面或水面的物体上所产生的各种现象来划分。风力等级一般分为13个等级,从0级到12级,其中0级表示无风,而12级是风力等级中的最高级别。风力歌是一首脍炙人口的民谣,用押韵的形式,来表现0到12级的风力。

零级烟柱直冲天,

一级轻烟随风偏。

二级轻风吹脸面,

三级叶动红旗展。

四级枝摇飞纸片,

五级带叶小树摇。

六级举伞步行艰,

七级迎风走不便。

八级风吹树枝断,

九级屋顶飞瓦片。

十级拔树又倒屋,

十一二级陆少见。

➡ **小练习**

1. 当我们站在高山之巅，常常会看到天空中飘浮着美丽的云雾。这些云雾不仅形态各异，还代表着不同的天气状况。在下列选项中，哪种云雾通常表示天气晴朗稳定？（   ）

　　A. 卷云　　　　B. 积云　　　　C. 层云　　　　D. 积雨云

2. 查阅相关资料，说说除了肉眼观察云雾现象，还有哪些判断气象的方法？

3. 以崆峒山云雾气象为主题，拍摄一组自己眼中的"气象奇观"，并为其写下摄影说明。

4. 经过本讲的学习内容，对气象有了哪些了解？选择一种气象现象进行细致描述，并写下自己的感想。

第三讲　崆峒夜话　天文梦寻

导读

在科技进步与社会演进的推动下,天文学这一深入宇宙、揭示自然奥秘的学科,逐渐受到公众的高度关注与青睐。天文学不仅具有重大的科学价值,更与我们的日常生活紧密相连。例如,中国古代智者所创的农历,对农耕文化的发展起到了重要指导作用。为了满足公众,特别是应广大学生对天文学知识的渴求,提升科学素养,崆峒山在弹筝湖研学基地精心策划并建设了天文主题研学场所,旨在构建一个综合性平台,集天文观测、科学实践、科普教育于一体,让参与者能够亲身感受天文学的独特魅力,进一步激发对宇宙的好奇心与不懈探索的精神。

课程活动范围

- 弹筝湖研学基地、崆峒山地质博物馆

课程目标

- 了解崆峒山与天文学的历史渊源和现实关联。
- 学习二十八星宿等天文科普知识。
- 学习使用专业观测工具及掌握数据记录方法。
- 激发培养对天文学的好奇心和探索欲望,感受科学的魅力。

准备材料

- 手机（含观星 APP 及相机功能）
- 指南针
- 日晷材料包
- 笔和本

一、崆峒山与天文学的渊源

崆峒一词在古代本无山字偏旁，它是一个氏族部落名称的音释，它所表达的是一个方位或这一区域所有部落的总概念。《尔雅》中记载"北戴斗极为空桐"，意思是北斗星正下方为崆峒。这一描述为崆峒山赋予了独特的天文位置意义。崆峒山的名字便来源于北斗星。

北斗七星，作为夜空中的璀璨明星，其形状宛如古代用来舀酒的斗，故命名为北斗七星。北斗七星从斗身最前端开始，到斗柄的末尾，按顺序依次命名为大熊座 α、大熊座 β、大熊座 γ、大熊座 δ、大熊座 ε、大熊座 ζ、大熊座 η，古时汉族天文学家分别把它们称作天枢、天璇、天玑、天权、玉衡、开阳、摇光（瑶光）。在中国古代神话传说中，北斗七星是天地秩序的制定者，春生、夏长、秋收、冬藏都是随北斗指向而来的。

崆峒山地区地处甘肃东部，属六盘山支脉，地势较高。而且还远离大型城市的光污染区域，天空清澈透明，大气透明度高，有利于观测到更远、更暗的天体。同时，其地势相对较高，空气稀薄，大气中的水汽和尘埃含量较低，进一步减少了天文观测的干扰。所处区域属于半干旱、半湿润季风性大陆性气候，四季分明，降水适中，特别是夏季和秋季，天空晴朗，云量较少，且夜晚温度适宜，非常适合进行长时间的天文观测。此外，该区域风力较小，有利于天文望远镜的稳定运行。

> ※ 小实践
>
> 在研学旅行指导师的指导下，找一找北斗七星和北极星在哪里？

> ➡ 小思考
>
> 从地理、历史、社会等方面想一想崆峒山地区为什么适宜建设天文观测研学基地？

二、古代天文观测

中国是世界上天文学起步最早、发展最快的国家之一。天文学也是中国古代最发达的四门自然科学之一，此外还包括农学、医学和数学。天文学方面，屡有革新的优良历法、令人惊羡的发明创造、卓有见识的宇宙观等，在世界天文学发展史上，无不占据重要的地位。中国古代天文学从原始社会就开始萌芽了。早在仰韶文化时期，人们就描绘了光芒四射的太阳形象，对太阳上的变化也屡有记载，描绘出太阳边缘有大小如同弹丸、呈倾斜形状的太阳黑子。

在古代，天文学不仅用于观测天象、制定历法，还服务于军事、农业、祭祀等活动。在此基础上，古人发明了浑仪、简仪等诸多精密天文仪器。中国古代天文学经历了漫长的发展历程，积累了丰富的观测和研究经验，形成了深深根植于中国文化中的独特天文思想。

仰望星空，叩问苍穹，我们一直在探索宇宙的奥秘。中国古代天文学是人类文明史上一颗璀璨的明珠，涌现出一批震惊世界的天文学家，为我国古代天文学发展做出了巨大贡献。

张衡（公元78—139年），我国东汉时期伟大的科学家、文学家、发明家和政治家，在世界科学文化史上树立了一座座巍巍丰碑。张衡在天文学方面成就卓著，他发明创造了"浑天仪"（公元117年），是世界上第一台用水力推动的大型观察星象的天文仪器，并著有《浑天仪图注》和《灵宪》等书，画出了较为完整的星象图。这两部著作都是为了解释浑天说而写的。张衡认为天地各有大小，但是他还认为天地之外为宇宙，宇宙在时间和空间上都是无限大的，这种对宇宙的认识还是相当先进。张衡对月光来源、月相的变化以及月食产生的原因都做出了相当正确的解释。此外，他还制造了水运浑象，开创后世制造天文钟的先河。

郭守敬（公元1231—1316年），中国古代杰出的科学家之一。1262年，郭守敬入朝为官，开始时他主要在水利部门工作。元至元十三年（1276年），元世祖忽必烈下令编制新历法，并成立了一个专门编制新历法的太史局，任命郭守敬为负责人之一。郭守敬简化了中国传统的观测仪器浑仪，创造了闻名世界的简仪，创制了仰仪、高表、景符、窥几等天文仪器。郭守敬使用这些仪器又做了一次全面的测天工作，并在此基础上编成了中国历史上最为优秀的星表。制定了一部准确精密的新历法《授时历》。这部新历法设定一年为365.2425天，比地球绕太阳一周的实际运行时间只差26秒。欧洲的著名历法《格里历》也规定一年为365.2425天，但是《格里历》是公元1582年开始使用的，比郭守敬的《授时历》晚了整整300年。他最杰出的贡献就是编制了代表中国古代传统历法最高成就的《授时历》。

> ※ **小实践**
>
> 　　利用手中的日晷材料包，组装一台日晷仪器（见图3-1），了解古人如何利用太阳投影来计时。

图 3-1 日晷示意图

> ➡ **小思考**
>
> 通过以前的学习经历和查找课外资料,你还知道哪些我国知名的天文学家?

三、现代天文观测技术

随着科技的不断发展,现代天文观测技术也随之不断进步,天文望远镜就像探寻苍穹奥秘、捕捉星辰密语的锐利之眼。自1609年伽利略发明首台观测利器,望远镜便踏上了不断进化的征途。跨越了光学波段的界限,迈向了全波段的辽阔领域;挣脱了地面的束缚,翱翔于宇宙的浩渺空间。随着技术的精进,望远镜的洞察之力越发强大,如同一只敏锐的猎鹰,捕捉着宇宙中越来越多的天体信息,为我们揭开宇宙无尽的神秘面纱。

(一)光学望远镜

光学望远镜又分为折射望远镜、反射望远镜和折反射望远镜三种。光学望远镜是对可见光进行聚焦成像。通过反射或折射可见光来形成图像，可以直接放大影像进行目视观测或摄影。光学望远镜更适合观测太阳、大行星及其卫星、小行星、彗星、流星等。

坐落于河北省兴隆县的国家天文台兴隆观测基地的"大天区面积多目标光纤光谱天文望远镜（LAMOST）"——郭守敬望远镜，是完全由中国自主发明的新型大视场望远镜。这标志着中国第一次在望远镜类型上占有一席之地，在技术上突破了世界上光学望远镜大视场不能同时兼备大口径的瓶颈，使中国主动光学技术处于国际领先地位。它采用的并行可控式光纤定位技术解决了同时精确定位 4000 个观测目标的难题，是一项国际领先的技术创新。

（二）射电望远镜

射电望远镜与反射式光学望远镜相似，其工作原理是投射来的电磁波被精确镜面反射后汇交于一个公共焦点。与光学望远镜不同，射电望远镜不是对可见光聚焦成像，而是对长波电磁波进行汇聚。射电望远镜的一个主要应用是研究星系和星际物质，如探索黑洞、脉冲星、星云等宇宙现象。通过分析射电信号，科学家们能够了解这些天体的结构和性质，研究宇宙中不同物质间的相互作用。射电望远镜还可用于宇宙背景辐射的研究及寻找地外文明等。

目前世界上最大的单口径射电望远镜是中国的 500 米口径球面射电望远镜（FAST），其接收面积相当于 30 个足球场那么大，是具有我国自主知识产权、世界最大单口径、最灵敏的射电望远镜，其综合性能达到国际领先水平，对促进我国天文学实现重大原创突破具有重要意义。美国的阿雷西博射电望远镜，虽然已经退役，但在其服役期间，它曾是世界上最大的射电望远镜，并帮助科学家取得了许多重要发现，如脉冲星的发现。

望远镜技术的不断进步，使人们能够对通常难以观测的天体进行测量和研究，如超新星爆发、黑洞、行星、星系等。

※ 小实践

在研学旅行指导师的指导下,学习天文望远镜的基本操作知识,进行简单操作。

➡ 小思考

你听说过哈勃望远镜吗?它为什么能在太空里看到很远的星星?

知识拓展

(一)探索神秘的二十八星宿(宿:xiù)

你是否曾在静谧的夜晚抬头仰望那广袤的星空,被点点繁星所深深吸引?在中国古代文化中,人们将这些星星进行了精心的分组,并为它们赋予了独特的名字和深远的含义。这些星星的特定组合,即为我们今天所熟知的"星宿"。

在中国古代,人们仰望星空时,按照其排列和特征将星星分为多个群组,并赋予了它们独特的名字和象征性的意义。而其中的"二十八星宿"(见图3-2)更是将天空中的星星细致地划分为二十八个群组,每个群组都以其中一个代表性的星宿命名。这些星宿依据方位被划分为四个主要的集合,每个集合包含七宿,并与中国的四象——青龙、白虎、朱雀、玄武——紧密对应。青龙象征着东方的生机与活力,白虎则代表着西方的威严与力量,朱雀象征着南方的热烈与繁荣,而玄武则代表着北方的沉稳与厚重。

在古代中国,星宿不仅仅是观测天象的重要参考,更是预测天气、指导农事的重要依据。古人通过观察星宿的位置和变化,能够准确地预测季节的更迭、风雨的来去等自然现象。而且,每一个星宿背后都蕴含着丰富的神话传说和文化内涵。例如,"心宿"因其明亮的特性被称为"大火",在传说中与帝王的命运紧密相连;而"毕宿"则与雨水息息相关,每当它出现时,往往预示着雨水的降临。这些传说不仅为星宿增添了神秘色彩,也反映了古人对自然现象的理解和想象。

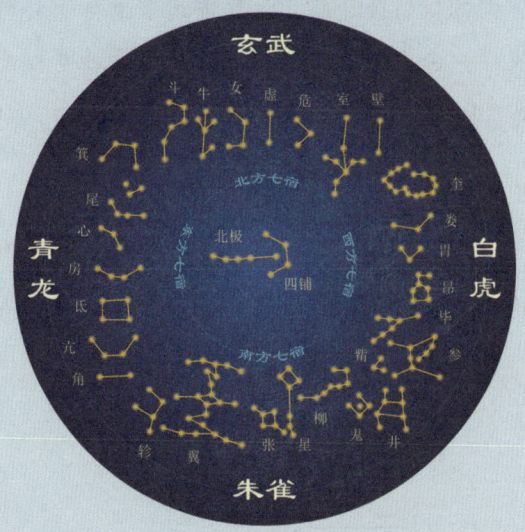

图 3-2　二十八星宿示意图

(二)太阳黑子

太阳的光球表面有时会出现一些暗的区域,它是磁场聚集的地方,这就是太阳黑子(见图 3-3)。黑子的活动周期大约为 11 年。太阳黑子是太阳活动的基本标志。黑子出现在太阳的光球层。

现在公认的世界上第一次明确记录黑子是在公元前 28 年,我国汉朝人所观测到的。在《汉书·五行

图 3-3　太阳黑子示意图

志》里是这样记载的:"成帝河平元年三月乙未,日出黄,有黑气,大如钱,居日中央。"

太阳黑子活跃时会对地球的磁场产生影响,当太阳上有大群黑子出现的时候,会出现磁暴现象使指南针乱抖动,不能正确地指示方向;平时很善于识别方向的信鸽会迷路,无线电通信也会受到严重阻碍。太阳黑子活动的高发期,会产生太阳风暴,释放大量带电粒子流,破坏臭氧层,干扰无线电通信。

➡ **小练习**

1. 通过对北斗七星的了解与学习,你知道每颗星星的命名吗?尝试填写下来。

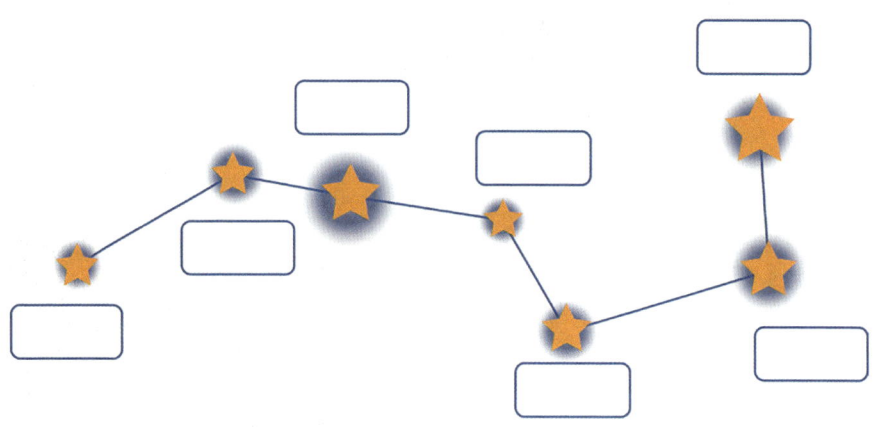

2. 当夜幕降临,浩瀚的星空中,北斗七星犹如一盏指引方向的明灯,其不同的方位变化,还可以作为季节变化的参考。试着将不同方向的北斗七星和对应的季节进行连线。

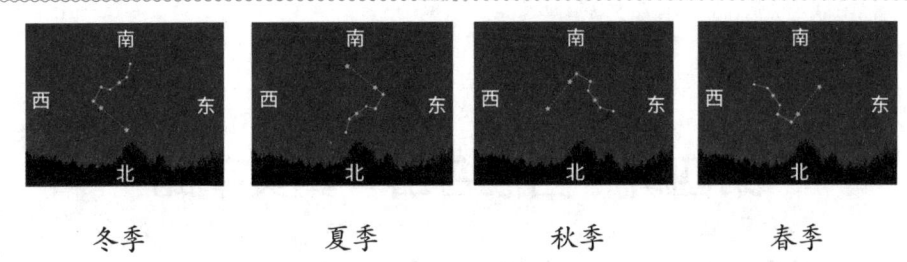

冬季　　　　　夏季　　　　　秋季　　　　　春季

  3.充分利用手中的手机，下载相关的星空观测软件，利用科技手段找到自己所属的星座，观测并进行记录，画出专属自己的星座星图。

  4.利用基地的天文望远镜观测太阳黑子并进行记录，形成自己的观测日记，谈谈自己的感想。

  5.通过本讲的学习，是否对天文观测多了一些了解和兴趣呢？收获了哪些天文知识？请写一篇300字的体验感受。

第四讲　西极名山　真灵萃此

导读

"西极冠名山，真灵实萃此"，这两句诗出自清代文学家毕沅，它恰如其分地描绘了崆峒山的非凡与独特，汇聚了真正的灵气和自然的精华。

而这座被誉为"西极冠名山"的崆峒山，地形复杂多变，植被丰富繁茂，以落叶阔叶林为主导，乔木与灌木生长茂盛，形成一片生机勃勃的景象。拥有各类植物1000多种，已知的植物种类涵盖了蕨类、裸子植物和被子植物等多个科属。

覆盖率高而繁茂的植被，给各种动物的栖息繁衍提供了理想的栖息地。调查显示，崆峒山地区生活着800多种动物，其中包括70余种珍稀野生动物。白鹤、金雕、秃鹫、雀鹰、鸥、鹗、长耳鸮和金钱豹等动物已被列入国家级野生动物保护名单。

本讲带领学生触摸生命脉动，感悟动植物的生命启示，增进对动植物的了解，有助于青少年增强自然科学素养、环保意识，培养探索精神和跨学科整合能力，促进身心健康。

课程活动范围

- 招鹤堂
- 弥陀寺
- 登山沿途

课程目标

- 认识崆峒山常见植物的名称和特点。
- 观赏千年古树"孔雀柏"和"千年华盖"。
- 学习如何分辨草本植物、藤本植物、灌木、乔木。
- 能够理解植被的垂直分异现象及原因。
- 观察崆峒山常见动物的外观和习性,对崆峒山动物有更多了解。
- 掌握一些探寻小动物及其生活环境的方法,知道观察不同动物要用的方法。
- 通过学习了解崆峒山的野生动物,树立保护野生动物的意识。

准备材料

- 绘画工具
- 记录本及笔
- 标本剪刀
- 标本夹
- 手套
- 采集袋
- 台纸
- 望远镜
- 手机(查植物APP)

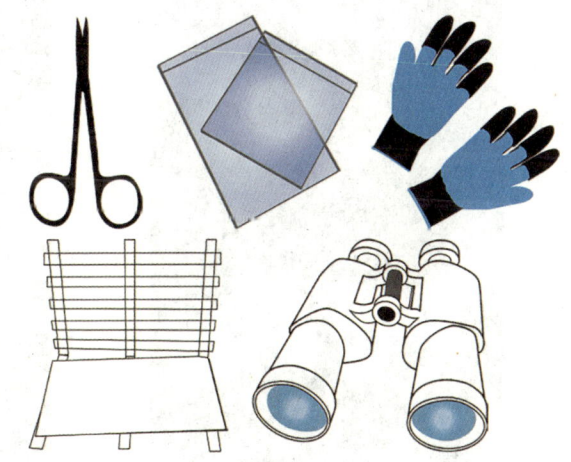

一、崆峒山的植物奥秘

崆峒山,位于中国西北内陆,其气候特征鲜明,冬春时节寒冷干燥,夏季则温热湿润。属于温带半湿润大陆性季风气候,气温适中,年均气温8.6℃,降水量主要集中在7到9月,年平均降水量达511.1毫米,而年蒸发量相对较高,约为 1430 毫米,几乎是降水量的 2.8 倍。

这座山的植被生长茂盛,以针、阔叶混交林为主导。由于其地理位置特殊,植物种类展现出古老性、过渡性和复杂性的独特特点。植被的分布受到地形、光照和水分等多种因素的影响。因此,在垂直方向上呈现出层次性;在水平方向上,阳坡和阴坡的植被类型和分布也表现出显著的差异。目前,已查明的植物种类超过 1000 种,涵盖了蕨类、裸子、被子植物等多个类别。其中蕨类植物 30 种,分属 21 科 18 属,裸子植物 15 种,分属 6 科 9 属,被子植物 703 种,分属 97 科 397 属。

古树名木近 100 棵,包括紫果云杉、油松、圆柏、五角枫、辽东栎、大果榆、丝棉木等,其中招鹤堂"孔雀柏"(见图 4-1)和凤凰岭"千年华盖"(见图 4-2)更是令人叹为观止,这两棵树的树龄都在千年以上。

图 4-1 招鹤堂院中的"孔雀柏"

图 4-2 弥陀寺前的"千年华盖"

值得一提的是,崆峒山还孕育了许多特有植物和珍贵树种,总数达到 66 种。其中,黄芪、野大豆、胡桃楸和紫斑牡丹,更是被列为国家重点保护植物。当地高校教师及其团队在 20 世纪 80 年代,发现并命名了崆峒山沙参、轮叶绣球两个新种，以及崆峒山槲蕨、崆峒山蒙桑、短管丁香三个变种。

崆峒山沙参（见图4-3）：多年生草本，根纺锤形，长约15厘米，直径约0.3厘米。茎单一，不分枝，株高40~50厘米。基生叶线形，边缘具梳齿，两面无毛。茎生叶互生，叶片丝状，长5~6厘米，宽不足1毫米，干时内卷，两面光滑无毛。花序总状，偶有分枝，组为圆锥花序，花梗纤细，长约1厘米，无毛。崆峒山阴坡产，见于二沟、西台区，生于海拔1600~1760米的山坡、草地。

图4-3　崆峒山沙参

崆峒山植被的繁茂，除了自然的馈赠外，历代人为因素亦功不可没。在历史的长河中，人为的痕迹清晰可见。受古代宗教信仰的引导，像桧柏这类树种可能最初被人们种植于庙院，而后逐步繁衍，遍布全山。至今，在庙院及其旧址上，仍可看到古柏的踪迹，成为历史的见证。

紫果云杉（见图4-4），隶属于杉科，又称孔雀柏，独存于招鹤堂院内，拥有近80厘米的胸径和高达16米的身姿。其独特之处，在于它融合了松树的外形和柏树的叶片。每年的春末夏初，即4、5月，它绽放出绚丽的花朵。在阳光的映照下，这些花朵呈现出五彩斑斓的色彩，宛如孔雀开屏，因此得名孔雀柏。然而，由于这种树木仅能通过雌雄异株的方式进行繁殖，崆峒山上又仅此一棵，以至于成了这座山最为知名且珍贵的古树之一。

在中台塔院矗立着一座明代古塔，其塔顶生长着塔松（见图4-5），形成了一幅浑然天成的自然盆景。塔松实际上是华山松和油松的矮化品种，是生物适应环境创造出的奇迹。它为菌根共生理论提供了生动的实例。一旦人类解开菌根之谜，将为改造荒漠、改善自然环境做出巨大的贡献。

图4-4 紫果云杉

图4-5 塔松

知识拓展

（一）蕨类植物、裸子植物和被子植物

首先，我们要知道植物是地球上非常重要的一部分，它们可以为我们提供氧气，还可以作为食物和药材。蕨类植物、裸子植物和被子植物就是植物界中的三种不同类型，你知道什么是蕨类植物、裸子植物和被子植物吗？

蕨类植物：蕨类植物是非常古老的植物，它们没有花和种子。蕨类植物的叶子通常很绿，而且有些种类的蕨类植物还可以食用，比如我们常吃的蕨菜。蕨类植物喜欢生活在湿润的地方，比如森林里或者河边。

裸子植物：裸子植物和蕨类植物一样，也没有花。但是它们有种子，这些种子是直接裸露在空气中的，而不是被包裹在果实里面。所以，我们称它们为"裸子"植物。常见的裸子植物包括松树、柏树和银杏树。

被子植物：被子植物是植物界中数量最多、种类最丰富的一大类，它们既有花也有种子。而且，被子植物的种子是被包裹在果实里面的，就像我们吃的苹果、香蕉一样。被子植物以其绚丽的花朵吸引昆虫，促进花粉的传播，从而助力繁衍后代。

（二）植被的分层结构

崆峒山的植被主要由次生林构成，这是在原始森林遭受破坏后逐渐形成的，且以阔叶落叶林为主。这里植被茂盛，乔木、灌木、草本植物和藤本植物共同生长，构成了一个生机勃勃的生态分层系统（见图4-6）。乔木种类虽相对较少，仅有58种，包括桧柏、油松、白桦、地锦槭、辽东栎等，但由于它们群体庞大，通常构成混交植被的上层。灌木种类则更为丰富，有虎榛子、山桃、樱桃、沙棘、荚蒾等130多种，它们占据了植被的中层空间。藤本植物种类仅有20多种，如三裂叶蛇葡萄、少毛葡萄、铁线莲等，虽然不多，但它们巧妙地连接着灌木和乔木。草本植物种类最为繁多，达到了500多种，以菊科、毛茛科、禾本科等为主要代表。它们铺展在地面，形成了植被的下层。

这些植被交错生长，根系深入各个角落，形成了复杂的生态关系，对于涵养水源、控制水土流失、调节雨量、净化空气以及调节空气成分等方面都发挥着至关重要的作用。

图 4-6 植被分层结构示意图

（三）山地植被的垂直地域分异通用规律

随着纬度的增高，温度逐渐降低，植被类型也随之从热带雨林过渡到针叶林，最终到达苔原。在同一纬度上，随着湿度减小，植被从森林过渡到草原、荒漠（见图 4-7）。

在垂直地域分异中，海拔是关键，影响气温和降水，进而塑造植被和土壤分布。相同海拔下，低纬度山体自然带更复杂；同纬度内，海拔越高自然带越丰富；相对高度大的山体，自然带谱也更为多样。

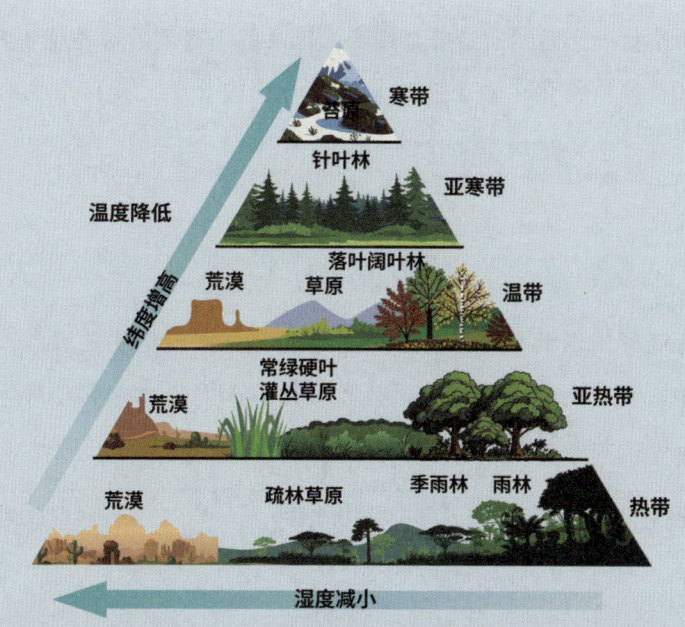

图 4-7 陆地植被水平地域分异与纬度、温度的关系

（四）测量植物的种群密度方法

①直接计数法

选定区域：选择一个较小且易于观察的区域，如一片草地或小树林。

计数植物：让同学们直接数出该区域内的植物数量，并记录下来。

计算密度：将植物数量除以选定区域的面积，得出该区域的植物种群密度。

②取样方法

选定样方：用绳子或标杆在选定区域内划分出一个正方形或长方形的样方。

计数植物：让同学们数出样方内的植物数量。

计算密度：将植物数量除以样方的面积，得出样方的植物种群密度。

③路线法

选定路线：选择一条固定的路线，可以是沿着小径或河流。

> 记录植物：让同学们沿着路线走，记录路上遇到的每种植物的数量。
>
> 计算密度：将记录的植物数量除以路线的长度，得出路线的植物种群密度。

※ 小实践

1. 请观察周围的植物，记录一下哪些是乔木，哪些是灌木，哪些是藤本植物，哪些是草本植物，可以使用手机APP或者小程序辨认识别植物具体名称，并填写崆峒山植被观察记录表。

记录时间：____月____日	植物名称	种群密度
地点名称：		
海拔：		
植被类型：		
地点名称：		
海拔：		
植被类型：		
地点名称：		
海拔：		
植被类型：		

2. 制作简易的植物标本（以草本植物为例）

①采集植物

选择合适的植物：选择生长良好、形态完整的植物进行采集。最好选择那些易于识别、特征明显的植物。

使用正确的方法：用剪刀或小刀轻轻剪下植物的一部分，注意不要损伤植物本身。同时，要注意安全，避免被植物的刺或有毒部分伤害。

做好记录：记录采集的植物名称、采集地点、采集时间等信息，有助于后续标本制作和学习。

②制作标本

压制标本：将采集的植物放在标本夹中，用吸水纸或纱布夹住，然后用力压紧。注意要使植物保持平整，叶片不要重叠。定期更换吸水纸，以确保植物快速干燥并防止霉变。

干燥标本：将压制好的标本放在通风干燥的地方，避免阳光直射。等待几天，直到标本完全干燥。

整理标本：标本干燥后，需用针线轻轻穿过植物的主要部分，如茎干和叶片的基部，然后固定在台纸上。在此过程中，要特别注意保持植物原有的形态和特征，确保其在固定后仍能展现其自然之美，同时保持标本的整洁和美观。

标注信息：在台纸上标注植物的名称、采集地点、采集时间等信息，方便后续学习和参考。

③注意事项

安全第一：在采集植物时，要注意安全，避免受伤。同时，要遵守当地的规定，不要随意采摘珍稀或受保护的植物。

尊重自然：在采集过程中，要尽量减少对周围环境的破坏，保持环境整洁。

耐心细致：制作标本要耐心细致，要鼓励学生们认真完成每一个步骤，体验其中的乐趣。

二、药源宝库

崆峒山不仅是一处自然风光秀美的景区（见图4-8），更是一座多物种的天然基因库。其丰富的植物资源不仅具有很高的科研价值，同时也有备观赏、食用和药用等多重价值。众多高档药材在此广泛生长，如党参、枸杞、甘草、天南星、槲寄生、铁棒槌、七叶一枝花、麻黄、灵芝、小花火烧兰、猴头菌、猪苓等，总数超过200种。特别是平凉百合，其品质卓越，享有盛誉。这些珍稀植物的野生种群，至今仍在崆峒山这片土地上繁衍生息，不光展现出了大自然的神奇魅力，也为人们提供了宝贵的药用资源。

图4-8 崆峒山风景图

崆峒山的植被林地状况良好，生态系统相对平衡，这使其在调节气候、净化空气、维护水土以及保护野生动植物资源方面，展现出显著的生态效益。

三、崆峒山的动物朋友

崆峒山独特的地理环境和丰富的植物资源，为各类动物提供了理想的生存环境（见图4-9）。关于崆峒山的动物研究，最早可追溯到明嘉靖三十九年（1560年）赵时春纂修的《平凉府志》，其中详细记载了四类动物：禽、兽、鱼、虫。清嘉庆二十四年（1819年）张伯魁纂修的《崆峒山志》在"物产"一章收录动物74种（类），分为禽、兽、虫三类。在崆峒山的生物种群中，昆虫数量最多，其次是鸟类和哺乳类动物。

自20世纪50年代起，众多学者和教学单位纷纷前来调查并采集动物标本，相关研究成果不断涌现。经过多位学者和团队的不懈努力，现已查明崆峒山动物种类超过800种，其中无脊椎动物和脊椎动物各有数百种。

在这些动物中，有国家一级保护动物如黑鹳、金雕等4种，二级保护动物如大鲵、大天鹅等21种。此外，还有珍稀蝶、蛾类41种，以及符合国际公约规定的动物种类38种。更有众多动物被列入《国家重点保护野生动物名录》，包括多种哺乳动物、鸟类、两栖动物和爬行动物。其中还有9种是我国特有的脊椎动物。

图4-9　崆峒山动物示意图

随着崆峒山生态环境的持续优化和研究的深入，相信未来还将有更多新奇的动物种类被发现。

知识拓展——崆峒山的食物链

崆峒山的动物世界充满了奇妙与和谐，它们之间存在着食物链关系（见图4-10）。食物链，就像一条长长的链条，把不同的动物紧紧联系在一起。在这个链条中，每个动物都有自己的角色和位置。

首先，我们要了解食物链的起点——生产者。在崆峒山的森林和草地中，绿色的植物就是"生产者"。它们通过光合作用，吸收阳光、水和二氧化碳，转化为植物自身的能量和营养。这些植物不仅是食物链的基础，也是许多动物的食物来源。

接下来是"消费者"。"消费者"主要分为三大类：初级消费者、次级消费者和高级消费者。初级消费者主要是草食性的动物群体，比如崆峒山的野兔和鹿。它们以植物为食，将植物的能量和营养转化为自己的能量和营养。而次级消费者则是肉食性的动物，比如狐狸和狼。它们捕食初级消费者，获取能量和营养。高级消费者是以中级消费者为食。在崆峒山，高级消费者可能包括捕食狐狸或狼的更大型猛兽，如豹子等。

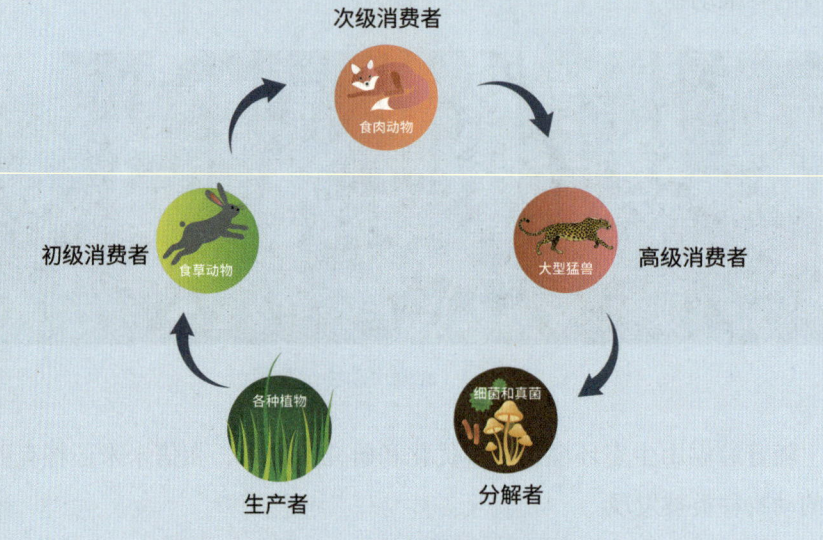

图 4-10　崆峒山食物链示意

最后是"分解者"，主要是指细菌和真菌。它们能够分解死亡生物体和有机废弃物，将其中的有机物质分解为无机物质。这些无机物质又可以被生产者吸收利用，使循环得以持续。在崆峒山的生态系统中，分解者起着重要的生态服务功能，维持着生态系统的健康和稳定。

在这个食物链的生态循环中，能量和营养是从"生产者"开始，经过初级消费者，再流向次级消费者及至高级消费者，当这些"消费者"死亡或消耗后，"分解者"会介入，将有机物质分解为无机物质，完成生态循环，这便是食物链的基本运作机制。

但是，食物链并不是简单的直线，它更像是一个复杂的网络。在这个网络中，有些动物可能既是捕食者又是被捕食者，有些动物可能吃多种食物，有些食物也可能被多种动物所吃。这种复杂的关系使得崆峒山的动物世界更加丰富多彩。

> 最后,还要明白,食物链是生态系统中的重要组成部分。它维持了生态系统的平衡和稳定,使得各种动物能够和谐共生。所以,我们应该尊重和保护每一种动物,让崆峒山的生态系统更加健康和美丽。

四、崆峒山常见的动物介绍

猪獾,它是鼬科、猪獾属的哺乳动物,身体肥壮,吻鼻部较长,四肢短粗,尾较短,背毛黑褐色,胸部、腹部和四肢均为灰白色。猪獾主要栖息于森林、灌木丛、山坡、河谷、耕地及湖边等地,猪獾是夜行性动物,通常在晚上才出现在人们的视野里。杂食性,主要以植物为食,也吃昆虫、蚯蚓、小型哺乳动物及鸟、蛋、果实和根茎等。

松鼠是一种常见的小型哺乳动物,通常生活在树木茂密的地区。它们以坚果、种子和果实为食,有着灵活的身体和敏捷的动作。松鼠在崆峒山的森林中穿梭,为这片山林增添了一份生机和活力。

仙鹤,又名丹顶鹤,是崆峒山上一道亮丽的风景线。它们体长120~160厘米,颈、脚较长,通体大多白色,头顶鲜红色,特征极明显,极易识别。仙鹤主要以鱼、虾、水生昆虫、软体动物以及水生植物的茎、叶、块根、球茎和果实为食。在崆峒山上,它们常常成对或成家族群小群活动,为这片山水增添了一抹优雅与宁静。

鹿也是崆峒山上常见的野生动物之一。其中,梅花鹿和毛冠鹿是较为典型的代表。梅花鹿体长125~145厘米,毛色随季节的改变而改变,夏季体毛为棕黄色或栗红色,冬季体毛呈烟褐色。它们生活于针阔混交林的山地、森林边缘和山地草原地区。毛冠鹿以其额顶上的一簇形状如同马蹄的黑色毛发为特征。它们栖居在山区的丘陵地带,繁茂竹林、竹阔混交林及茅草坡等处。毛冠鹿的食物主要包括树叶、草本植物和果实等植物性食物,其食性具有一定的季节性变化。

> ➡ **小思考**
>
> 1. 将下面的动物与它们的特点或习性连起来。
>
> 　　猪　獾　　　　　　　　　　常单独活动，隐蔽性强、警惕性高
>
> 　　松　鼠　　　　　　　　　　有长长的脖子和优雅的姿态
>
> 　　仙　鹤　　　　　　　　　　喜在夜间外出觅食
>
> 　　毛冠鹿　　　　　　　　　　有一条非常大的尾巴
>
> 2. 发挥想象力，用自己的话说一说为什么松鼠需要一条大大的尾巴？

> ※ **小实践**
>
> 　　5名学生为一组，每组领取一份记录表，在研学旅行指导师的带领下，在景区内寻找并使用望远镜观察常见小动物的踪迹，记录它们的生活环境和行为特点，拍照并填写观察记录表，并上交给研学旅行指导师。如未能直接观测到动物，可通过讨论和分享已有的动物知识，并记录下此次实践活动的经历和感受。
>
> **崆峒山动物观察记录表**
>
> | 记录时间 | 动物名称 | 外貌特征 | 行为习性 | 与环境的关系 |
> | --- | --- | --- | --- | --- |
> | | | | | |
> | | | | | |
> | | | | | |

知识拓展——如何更好地观察和了解动物

了解目标动物 在观察之前，可以通过书籍、网络或询问研学旅行指导师了解崆峒山常见的动物的种类、习性和特征。

准备观察工具 如笔记本、铅笔、望远镜（如果有的话）和相机等，以便记录观察到的细节。

穿着合适 穿着舒适且适合户外活动的服装和鞋子，以便在山中行走时感到自在。

选择合适的观察地点 崆峒山有许多不同的生态环境，如森林、草地和溪流等，每个地方都可能有不同的动物。选择那些你认为动物可能出现的地方进行观察。

保持安静 在观察时，尽量保持安静，避免惊扰到动物。轻轻地走动，不要大声说话或发出其他噪声。

注意细节 观察动物的外貌特征、行为习性以及它们与环境的关系。例如，注意它们的皮毛颜色、形状和光泽，观察它们的步态、叫声和食物来源等。

记录观察结果 在笔记本上记录下你的观察结果，可以画图或用文字描述。如果有相机，也可以拍摄照片作为记录。

整理观察记录 回到学校或家里后，整理你的观察记录，并尝试分析你观察到的动物的特点和习性。

通过观察崆峒山的动物，学生们不仅可以锻炼自己的观察力和分析能力，还可以增强对大自然的热爱和保护意识。

五、崆峒山古生物化石介绍

崆峒山是六盘山支脉，该地区地质复杂，地震频发。崆峒山周边发现的丰富的古生物化石，对研究地球历史和生物演化至关重要。

化石种类与分布：

（1）奥陶系灰岩中的化石：包括腹足类、头足类、腕足类及笔石化石，这些化石揭示了古生代时期海洋生态系统的丰富性。

笔石（见图4-11）是笔石动物的化石，是一类绝灭了的海生群体动物。由于其保存状态是压扁成了碳质薄膜，很像铅笔在岩石层上书写的痕迹，因此，才被科学家叫作"笔石"。笔石体一般长几厘米或几十厘米，较大的可达70厘米或更长。笔石通常保存在黑色的页岩中。

图4-11 笔石

（2）二叠系陆相地层中的化石：可见到植物化石，表明二叠纪时期陆地上的植被已经相当繁茂。

（3）白垩系页岩中的化石：蕴藏有保存精美的鱼类化石，这些化石对于了解古生物多样性和古环境有重要价值。

（4）新近系红黏土中的化石：保存有古哺乳动物化石，这些化石可能包括已经灭绝的物种，如猛犸象、地懒等。

这些化石对古脊椎动物演化、古地理、古环境研究价值重大，并为科普教育提供资源，帮助公众了解地球历史和生物演化。保护这些化石和地质遗迹对维护崆峒山生态和风光至关重要。

➡ **小练习**

1. 崆峒山拥有丰富的动植物资源，已知的植物种类超过＿＿＿＿＿＿＿种。

2. 崆峒山的生态系统中有许多独特的生物链，如＿＿＿＿＿＿＿吃草，＿＿＿＿＿＿＿吃草食动物，而＿＿＿＿＿＿＿则清理死亡的动物尸体。

3. 下列的哪种行为，最有利于保护崆峒山的生态环境？（　　）

A. 随意丢弃垃圾　　　　　　B. 捕捉并饲养野生动物

C. 砍伐树木用于建设　　　　D. 参与植树造林活动

4. 在崆峒山观赏学习途中，用相机捕捉自然生态之美，锻炼学生的观察能力、构图能力和审美能力，将自己拍得最好的照片进行评选，研学旅行指导师进行点评并设立奖项表彰优秀摄影师。

5. 假设你是一名环保小卫士，请设计一项保护崆峒山动植物资源的行动计划，并说明其意义。

6. 经过本讲的学习，课后查阅相关资料和文献，对你感兴趣的动植物进行更深入的了解，请写300字左右的动植物研学报告。

第五讲　拜谒胜道　感悟崆峒

导读

"山因名士显，水以智者清。"当我们深入阅读古籍的篇章之中，可以看到有一位鹤发童颜的智者：他穿越漫长的历史，踏上了崆峒山的笄头道，这位智者便是道家史上的重要人物广成子，他追求清虚自净，修炼"无为"之道，以此启迪世人的智慧。崆峒山的山水之美，仿佛赋予了他无尽的灵感，促使他开悟，完善自我，最终领悟了至高的道法。自广成子修道后，人文始祖轩辕黄帝也曾两次来此问道，崆峒山便因轩辕黄帝的造访而名扬四海，被誉为"道源圣地"，成为后人追寻智慧的圣地。

崆峒山的一峰一岭、一宫一院，乃至断垣残碑，都承载着厚重的历史底蕴。它们如同这座古老宫殿里的散置史册，默待人们去翻阅。

本讲将带领学生们跟随着古人的脚步拜谒胜迹，感悟崆峒山悠久的历史文化底蕴。

课程活动范围

- 黄帝问道处、棋盘岭、药王洞

课程目标

- 了解崆峒山的历史起源和名人逸事。

- 了解崆峒山的民间传说与故事。
- 探访黄帝问道处及其他相关的历史文化古迹。

准备材料

- 手机或相机
- 笔和本

一、崆峒山的历史脉络

平凉，这片古老的土地，承载着中华民族厚重的历史。早在数十万年前，人类的祖先便在此繁衍生息，留下了一串串历史的足迹。崆峒山及其周边，古人类生活遗址共有 38 处。其中包括"东沟遗址"等省级文物保护单位，以及"蒋家沟遗址""余家庄遗址"等县级文物保护单位。出土的石器、陶器等文物无声地诉说着 4000 年前人类在这里生活的点点滴滴。

崆峒，这个充满神秘色彩的名字，在古籍中早有记载，或作"空同"，或作"空桐"。它的名字背后，隐藏着三种传说：与"空桐氏"部落的渊源，与山上洞穴的关联以及与道家广成子修炼得道的传说。

崆峒山不仅是道教的发祥地之一，也是道教的传播中心之一，有"道源圣地"之称。相传广成子在此修炼得道，黄帝曾亲临崆峒山向广成子问道，这一故事在《庄子·在宥》《史记·五帝本纪》等古籍中均有记载，为崆峒山增添了浓厚的道教文化底蕴。道教作为中国本土宗教，自东汉时期逐渐兴起。崆峒山因其独特的地理环境与自然风光，以及深厚的文化底蕴，成为道教发展的重要场所。崆峒山上还留有大量的文化遗迹，承载着丰富的道教文化遗产和历史传说，这些遗迹不仅是道教文化的重要载体，也是崆峒山作为道源发祥地的重要证明。历史上，崆峒山还曾是全国道教的重要名山之一，足见其地位之重要。

崆峒山见证了众多历史时刻，从尧、禹的留迹，到周穆王、秦始皇的巡

游，再到汉武帝、唐太宗的到访（见图5-1），哲人王符在此感悟自然之道。秦始皇称崆峒为"西来第一山"，唐太宗更亲赐田亩给崆峒山的明慧禅院，以示对其的尊崇。北魏时期，佛教徒已驻足崆峒，随后道教亦在此发展，为崆峒山增添了更多的神秘色彩。

宋元以降，儒释道三教在崆峒山共居一山，相互借鉴，共同繁荣，形成了独特的文化景观。这里，既有道教的钟鸣鼎食，也有佛教的香火鼎盛。

崆峒山在秦汉时期，已初现人文景观的雏形。历经各朝代的不断兴建，山上亭台楼阁、庙宇殿堂等人文建筑星罗棋布，古塔与鸣钟之声交织成曲。明清时期，人们将崆峒山的名胜概括为"崆峒十二景"。其中包括香峰斗连、仙桥虹跨等十二处独特景致，这些景观几乎重现了历史上"八台九宫十二院"的辉煌。

崆峒山因其丰富的建筑群和深厚的宗教文化，被誉为西北的道、佛宗教圣地。隋朝统一后，崆峒山进入了相对安定的时期，唐朝开始有僧人和道士在此创建寺院和宫观。历经宋、元、明、清直至民国，各朝各代均对山上的建筑进行了不同程度的兴建或修缮。据史料记载，鼎盛时期，山上琳宫梵刹多达42处，房屋逾650间，其中最为著名的便是"八台九宫十二院"。"八台"包括东、西、南、北、中五方之台与八仙台、灵龟台、赵时春读书台；"九宫"涵盖问道宫、王母宫等九座宫殿；"十二院"则是指舒花寺、法轮寺等十二座寺庙。此外，崆峒山还有"七十二处石府洞天"，如玄鹤洞、广成洞等，每一处都蕴藏着深厚的自然与人文内涵。

历经沧桑，崆峒山在近现代也遭受了一定的破坏。但进入20世纪80年代后，它逐渐复苏，焕发出新的生机。如今，崆峒山已获批为国家重点风景名胜区、国家地质公园，并晋升为国家AAAAA级旅游景区。

站在崆峒之巅，俯瞰群山，仿佛能听到历史的回声，感受到这片土地所承载的厚重与辉煌。崆峒山，不仅是一座山，更是一段历史，一种文化，一种精神的象征。

图 5-1　崆峒山碑刻

> **➡ 小思考**
>
> 1. 崆峒山在隋唐时期的哪个阶段进入了一个相对安定的时期？（　　）
>
> A. 隋朝统一之前　　　　B. 隋朝统一之后
>
> C. 唐朝中期　　　　　　D. 唐朝晚期
>
> 2. 在崆峒山的传说中，_____是轩辕黄帝的老师。

二、崆峒山是丝绸之路的重要节点

　　平凉，作为我国西北的重要贸易重镇，自古以来便是"兵家必争之地"，历经战火洗礼。同时，它也是古代丝绸之路上的重要节点，享有"旱码头"的美誉。由于其独特的地理位置，平凉被誉为"陇上水上船坞"，象征着其在交通和贸易上的重要性。

　　特别是作为古丝绸之路北线东端的重镇，平凉更是享有"西出长安第一

城"的美誉,凸显了其在古代丝绸之路上的重要地位。

崆峒山,雄踞在丝绸古道的关键位置,扼守着陇山要口,又倚仗着六盘山的险峻。古时的笄头道是通往古长安及关中的必经之道,从北方和西方汇聚而来。唐代诗人岑参曾描绘道:"一驿过一驿,驿骑如星流。平明发咸阳,暮及陇山头。"此道东起回中道,西至陇关道。旅行者从古城平凉起程,途经泾阳县(现在的平凉市安国镇油坊庄),穿越崆峒山,再经过古安化县(今泾源县境内)和安化峡,最终可抵达南部的水洛和秦州。除了笄头道,崆峒山周边还有诸多著名的古道,如回中道、六盘道、木峡道、番须道及陇关道等。

> ➡ **小思考**
>
> 请将以下地点与其在丝绸之路上的重要性或特点连线。
>
> A. 崆峒山　　　　　　　丝绸之路的起点
>
> B. 长安(今西安)　　　丝绸之路上的重要宗教圣地
>
> C. 敦煌　　　　　　　　丝绸之路上的文化交汇点
>
> D. 罗马　　　　　　　　丝绸之路的终点

三、与崆峒山相关的历史人物

崆峒山,传颂为女娲炼石补天后的神奇演化之地,更是仙人广成子修炼得道的圣地。崆峒山以其悠久的历史文化背景和秀美奇特的自然风光,吸引了历代帝王将相、英雄名士、文人墨客纷纷前来拜谒。周穆王巡游天下时,曾驻足崆峒山,得八骏之传奇;秦始皇巡陇西时,亦经过此山;汉武帝更是六次出陇中,两次登上笄头山,足以彰显其对此山的青睐。

唐太宗李世民西巡甘陇时,对崆峒山有着深刻的理解。他御赐明慧禅院田宅,展现了他对当地佛道两教文化的尊重。他实行轻徭薄赋,注重水利兴修和农桑发展,使人民安居乐业,开创了名垂青史的贞观之治。他的胸襟开阔,目光远大,既追求国家的长治久安,又勇于吸收外来文化。

崆峒山还见证了众多文化名人的足迹。司马迁以"尝西登崆峒"为荣，东汉哲学家王符曾流连于此，晋代医学家皇甫谧在山中采药著书，留下《针灸甲乙经》这一医学瑰宝。此外，从南北朝的王褒，到唐代的李白、杜甫，再到宋代的李清照，以及明清时期的李攀龙、王士祯等，无数文人墨客或登山游览，或题诗赞美，他们的佳作墨宝丰富了崆峒山的文化内涵。

※ 小实践

历史人物扮演：学生分组，每组选择一位崆峒山历史上的重要人物（如广成子、黄帝、秦始皇、李世民、李白、杜甫等），进行角色扮演。每组准备简短的剧本，描述所选人物在崆峒山的经历或贡献，确保剧本内容符合历史事实或合理的想象，进行表演。

➡ 小思考

分组讨论：你认为崆峒山的哪些特点吸引了这么多历史名人前来游览或创作？请列举并说明理由。

知识拓展

（一）崆峒十二景

香峰斗连	仙桥虹跨	笋头叠翠	月石含珠
春融蜡烛	玉喷琉璃	鹤洞元云	凤山彩雾
广成丹穴	元武针崖	天门铁柱	中台宝塔

（二）黄帝问道广成子

人文始祖轩辕黄帝，功成名就后曾西巡疆界，特地登临崆峒山。此次并非简单的游历，而是带着重要使命——向在崆峒山修道的智者广成

子讨教治国安邦和养生之道（见图5-2、图5-3）。广成子强调修身是治国的前提，即便在黄帝稍显急躁时，他仍传授黄帝修身养性、静心去欲之道。这种以治身为本、治国为末的道家思想，不仅塑造了黄帝的治国理念，更对后世道家思想产生了深远影响，广成子也因此被尊为黄帝的"授业恩师"。这一历史佳话，在《庄子·在宥》与《史记》等古籍中均有详尽记载，展现了黄帝与广成子之间的对话与交流。

附：黄帝问道广成子（引自《庄子·在宥》先秦·庄子撰）

黄帝立为天子十九年，令行天下，闻广成子在于空同之山，故往见之。曰："我闻吾子达于至道，敢问至道之精。吾欲取天地之精，以佐五谷，以养民人。吾又欲官阴阳，以遂群生，为之奈何？"

广成子曰："而所欲问者，物之质也；而所欲官者，物之残也。自而治天下云气不待族而雨，草木不待黄而落，日月之光益以荒矣。而佞人之心翦翦者，又奚足以语至道哉？"

黄帝退，捐天下，筑特室，席白茅，间居三月，复往邀之。

广成子南首而卧，黄帝顺下风，膝行而进，再拜稽首而问曰："闻吾子达于至道，敢问，治身奈何而可以长久？"广成子蹶然而起，曰："善哉问乎！来！吾语汝至道。至道之精，窈窈冥冥；至道之极，昏昏默默。无视无听，抱神以静，形将自正。必静必清，无劳汝形，无摇汝精，乃可以长生。目无所见，耳无所闻，心无所知，汝神将守形，形乃长生。慎汝内，闭汝外，多知为败。我为汝遂于大明之上矣，至彼至阳之原也。为汝入于窈冥之门矣，至彼至阳之原也。天地有官，阴阳有藏；慎守汝身，物将自壮。我守其一以处其和，故我修身一千二百岁矣，吾形未常衰。"

黄帝再拜稽首曰："广成子之谓天矣！"

广成子曰："来，余语汝。彼其物无穷，而人皆以为有终；彼其物无测，而人皆以为有极。得吾道者，上为皇而下为王；失吾道者，上见光而下为土。今夫百昌，皆生于土而反于土，故余将去汝，入无穷之门，以游无极之野。吾与日月参光，吾与天地为常。当我，缗乎！还我，昏乎！人其尽死，而我独存乎！"

图 5-2　黄帝问道广成子壁龛

图 5-3　黄帝问道广成子石碑

（三）崆峒山的传说典故——药王的传说

孙思邈是我国历史上著名的医药学家和养生学家，是隋唐时期养生学和医学相结合的集大成者，孙思邈自幼多病，故立志于学习医学知识。青年时期开始行医于乡里，其提倡并践行以"大医精诚"之医德对待患者，不管贫富老幼、怨亲善友，都一视同仁，无论风雨寒暑，饥渴疲劳，都求之必应，一心赴救，并取得良好的治疗效果，深为群众崇敬。孙思邈在数十年的临床实践中，编著成《备急千金要方》和《千金翼方》，反映了唐初医学的发展水平。晚年还主持完成了世界上第一部国家药典《唐新本草》。关于这位药王还有一个有趣的传说。

孙思邈本来是个"妙手回春"的名医，但有一年他却突然倒了运，凡经他手诊治的病人，病情反而加重。他不敢再给人看病下药。决心到崆峒山潜心精习医道。

孙思邈来到崆峒，辨药认草，钻研医理，隐姓埋名，靠给寺庙锯木

为生。人们只知道他是个下苦力的锯木工，所以谁也想不到他是个名医。

有一天，孙思邈正在山腰锯木板，一个妇女急匆匆由香山跑了下来。她跑得很快，摔了一跤，爬起来又跑，顾不得拍打粘在身上的泥土。孙思邈看那妇女如此焦急，便好奇地问："这位小娘子有何急事呀？"

那妇女脚步未停，上气不接下气地说："唉，死人的事，给你个做工的说了有啥用？"

孙思邈心里一怔，非问出个眉目不可，便追上前去说："你不要着急跑，说个清楚，也许我能给你帮忙。"

那妇女说："你别耽误我的事，我婆婆快要病死了，我要去求神要药。"

孙思邈本不愿使人知道自己的身份，这年轻妇女为救自己的婆婆竟急成这样，他身为医生，怎能见死不救呢？于是他拦住了那位妇女，劝她不要去求神问卜，并毛遂自荐，愿给她婆婆治病。那妇女有点犹豫，孙思邈只好说出自己的真实姓名。那妇女早就知道孙思邈的大名，今日巧遇，心里十分高兴。她急忙施礼，同时诉说婆婆的病状。孙思邈听后，感到病情并不严重，让她回去给她婆婆煎一碗麦汤喝。那女误听成了锯末汤，她谢过孙思邈，捧了些锯末，急忙离去。

孙思邈本想歇工一天，去看看昨日那年轻妇女的婆婆，谁知那婆媳俩提着礼物，前来向他道谢，说是多亏了他那锯末汤救命，真是汤到病除。

孙思邈听得奇怪，仔细一问，才知道人家并没有喝他的麦汤，而是误服了锯末汤。俗话说："医生兴运，锯末子也能治病。"看来孙思邈又要兴运了。

孙思邈治好老婆婆病的消息不胫而走，人们都知道名医孙思邈来崆峒山了，所以看病求医的人络绎不绝。时间久了，长安的官宦农商人等，也都知道失踪了的名医孙思邈隐居在崆峒山，他们多次派人来请孙思邈下山。

孙思邈感觉无法在崆峒山安住，只好身背药箱，离开他居住过的山洞。那个山洞就是现在崆峒山上的药王洞（见图5-4）。孙思邈走到崆峒山下，就见一位白须老人拱手相迎，并请求孙思邈给他治病。孙思邈仔细一看，见那老头面有龙纹，便说："你应当把真面目给我看，不见真面，我无法给你看病。"

图5-4　崆峒山药王洞

那老者深施一礼，一声惊天炸雷响过，老者忽然变成一条巨龙，原来它正是泾河龙王。龙王的脑后有一肿瘤，头痛难忍。孙思邈为他扎针用药，肿瘤应手而消，泾河龙王感激非常，亲自驮着孙思邈，把他直送到平凉城北边，才依依惜别。

孙思邈沿泾河缓缓而行，走了不远，又见山弯转出一只斑斓大虎，拦住去路。孙思邈以为虎要伤他，便站住说："虎呀虎呀，你挡住我的去路，是要吃了我吗？要吃你就动口，要是不吃，你就摇头三下。"那虎听懂了孙思邈的话，立即摇头三下，并蹲在孙思邈面前，张着大口。

孙思邈一看，老虎的喉咙里卡着一根骨头。他挽起衣袖，把手伸进虎口，取出那根骨头。老虎感激孙思邈的救命之恩，便做了孙思邈的坐

骑，驮着孙思邈向长安出发。

　　孙思邈救虎的地方，就在泾河北岸，那里虽然再也没有出现过老虎，人们至今仍然把那里叫作虎山。（选自《平凉地区故事集成》）

➡ **小练习**

1. 崆峒山在 _____ 朝时期开始有了人文景观的雏形。

2. 请将以下历史人物与他们在崆峒山的活动或贡献连线。

A. 轩辕黄帝　　　　　　　问道于广成子

B. 司马迁　　　　　　　　游历崆峒山并留下诗篇

C. 杜甫　　　　　　　　　道家史上的重要人物

D. 广成子　　　　　　　　记载崆峒山的历史

3. 通过游览崆峒山景区，很多景点都和历史文化关系密切，你对哪一处景点感触最深，请写一段简短的感想。

4. 通过网络或书籍，再收集1~2个关于崆峒山有意思的民间传说。

5. 假设你是崆峒山的小小守护者，请设计一个"崆峒山历史文化保护行动计划"。你的计划应该包括至少三个具体的保护措施，并解释为什么这些措施是必要的。

第六讲　古建相拥　石刻探奇

导读

踏入甘肃省平凉市的崆峒山，仿佛穿越千年，来到了一个历史与自然交织的梦幻之地。崆峒山不仅以"道源圣地"的美誉著称，更以其古建筑群和石刻的独特魅力吸引着无数学者与游客。这些古建筑，大多始建于唐宋，历经风雨，至今仍屹立于山间，诉说着过往的辉煌与沧桑。崆峒山的石刻艺术同样丰富多彩，石碑石刻遍布于崆峒山的各个角落，数量众多，内容丰富，形成了崆峒山独特的文化景观。

通过本讲的研学内容，带领学生们深入了解崆峒山古建筑群与石刻艺术的历史文化价值，在感受中国传统文化博大精深的同时，从书法、建筑、艺术等多方面进行细致的考察，进而提升他们的观察力、鉴赏能力以及团队协作能力，全面提升学生的个人综合素质。

课程活动范围

- 皇城、塔院一带、上天梯区域

课程目标

- 介绍崆峒山的古建筑风格、特色及其历史价值。
- 了解碑刻的文化内涵和艺术价值。

- 赏析崆峒山的古寺庙、亭台楼阁、碑刻等文化遗产。
- 培养学生的审美能力和创新思维。

准备材料

- 斗拱手工包
- 手机或相机
- 笔和本

一、崆峒山古建筑群

崆峒山的古建筑群初建于唐宋时期，目前留存的主要是宋明时期的建筑，在清代与民国时期曾予以不同程度的修葺。包括皇城建筑群、雷声峰建筑群还有凌空塔三部分，共有 16 处文物点，建筑面积约为 2339 平方米。在 2013 年 3 月 5 日，正式被国务院列为第七批全国重点文物保护单位。崆峒山古建筑群充分利用自然地形地貌进行布局设计，使建筑群与周围环境融为一体，佛教的凌空塔与道教的皇城相互映衬，单体建筑与寺庙院落、山峰景观浑然一体，不仅观赏价值高，还蕴含着丰富的文化和科研价值。崆峒山古建筑群风格被专家学者评价为"奇险灵秀、古朴精巧"，每一建筑单元依据峰峦、坡崖、涧谷的独特地形，巧妙借势自然之雄浑或幽邃，无论是单体还是整体都营造出充满仙山楼阁般超脱尘世的深远意境。

（一）皇城建筑群

皇城古建筑群（见图 6-1）坐落于崆峒山的主峰马鬃山之巅，海拔 2036 米，被誉为崆峒山寺观的核心。这座被称为太和宫的皇城，其历史可追溯至北宋乾德年间（963—968 年）；明代嘉靖年间又得韩王夫妇的慷慨捐赠进行了扩建，遂成为崆峒山道教的重要建筑。

皇城内部布局独特，从入口处的灵官殿开始，依次为太白殿、献殿、真武殿；真武殿后又有老君楼、药王殿、玉皇殿、天师殿。其建筑风格深受中国宫殿建筑影响，形成了一种"殿上叠殿、殿内有殿、殿后藏殿"的独特形式，是崆峒山明代建筑群中保存最为完好的一组。

图 6-1　皇城古建筑群

在皇城建筑群（见图 6-2）中，献殿、真武殿和玉皇殿等主体建筑，以及牌坊、过殿等，均位于一条中轴线上，如同银线穿珠，串联起整个建筑群。这种布局不仅凸显了主体建筑的核心地位，也形成了一种丰富多样的建筑格局，深刻体现了道教关于天上人间相互对应、"天人合一"的理念。

图 6-2　皇城古建筑群

皇城的建筑，飞檐斗拱、雕饰华丽，宛如古代帝王的宫阙，因此得名"皇城"。其四周环绕着高达 5 米、底宽 1.5 米、顶宽 0.7 米的城堞墙体，仅通过石箍门洞台阶可以进入，展现出其坚固与威严。建筑群依山而建，规模宏大，错落有致，庄重而典雅，完美融合了自然与人工的和谐之美。登临此处，远眺四方，景色一览无余。

（二）雷声峰建筑群

雷声峰坐落于马鬃山东南的山脊上，长三百余米，因山脊险峻，风雨中常伴有雷鸣而得名，年代可以追溯到北宋乾德年间，即公元 963 年至 967 年之间。这里的建筑群巧妙地顺应了因山就势，展现出自然与建筑的和谐统一。山脊之上的建筑尤其引人注目。它们随山脊起伏变化，呈现出蜿蜒曲折的壮观景象，实为建筑史上的佳作。

建筑群中包含了三官殿（山门、厢房）（见图 6-3）、玉皇楼、三星殿（圣父圣母殿）（见图 6-4）、雷祖殿（包括九光殿石坊、眼光殿、厢房、四海龙君殿）共四处古建筑。其中的九光殿石坊是崆峒山现存较为完整的石刻建筑典范。它位于雷声峰中段，三面峭壁环绕，环境险峻且壮观。石坊建于明万历四十一年（1613 年），采用黄砂岩雕刻而成，仿木榫卯结构，四柱三开间，斗拱方梁，展现了古代工匠的精湛技艺。石坊的顶部为瓦棱状，下方则雕刻有精细的人物花板，正中刻有明代平凉第十一世韩王朱亶堵题写的"九光殿"匾额及"神霄玉府"题刻。匾额两侧浮雕八仙，下方则为双龙穿花和丹凤朝阳的图案。左右两侧的花板则分别雕刻了神仙故事和风雨雷电四神，展现出丰富的文化内涵。石坊的雕刻技艺精湛，造型逼真，刀法刚劲有力，展现了中国古代石刻工匠的高超技艺和智慧。就整体而言，九光殿石坊是崆峒山建筑中的一颗璀璨明珠。

图 6-3 三官殿

图 6-4 三星殿

(三)崆峒山凌空塔

凌空塔(见图 6-5),坐落于崆峒山的法轮寺塔院内,是一座八角七级的楼阁式空心砖塔。始建于北宋天圣七年(1029 年),明万历十三年(1585 年)

维修。此塔坐北朝南，高达 32 米，底层周长 32 米，占地面积 554.3 平方米。其独特之处在于，塔身第一层设有南面券门，内置佛阁，自第二层起，每层四周均设砖刻栏杆，并开有四门，外设佛阁。每层檐部都运用了仿木结构的斗拱设计，檐上装饰有精美的砖脊和群龛。塔角处还雕刻有砖质托塔力士造像，塔内设有木质楼梯供人攀登。

图 6-5　凌空塔

塔顶采用了僧帽形设计，其上置有铁铸的三层宝刹，塔身中部刻有铭文，记录了这座塔是在大明国承宣布政平凉府崆峒山镇于万历十四年五月五日建造的。凌空塔不仅是研究古丝绸之路佛教寺院建筑和佛教文化的重要物证，也见证了崆峒文化的西传历程。

值得一提的是，塔上生长的两棵百年松树，与塔身相映成趣，形成了独特的"古塔托松"景观，成为崆峒山的重要景点之一。然而，由于长期的风雨侵蚀，凌空塔塔体整体出现了向北倾斜的现象，倾斜度达到了 1 度 16 分，有人形象地将其称为中国的"比萨斜塔"。

※ 小实践

在参观完塔院内的凌空塔后，尝试用画笔画下你眼中的凌空塔。

> ➡ 小思考
>
> 1. 在崆峒山如此险峻的山脊上，当年的工匠是如何建造这些精彩绝伦的建筑的？
>
> 2. 崆峒山建筑在选址上通常考虑什么因素？请同学们想一想，选择最恰当的一个选项。（　　）
>
> A. 交通便利　　　　　　B. 临近水源
>
> C. 风水布局　　　　　　D. 气候宜人
>
> 3. 请从多个角度分析，为什么崆峒山聚集了如此多的古建筑？

二、崆峒山石刻艺术

在崆峒山文化中遗存的石刻艺术是重要的组成部分，崆峒山现存碑刻、摩崖等金石碑刻约三百六十多种，时间跨度从五代时期后周显德五年至今，但现存多为明清两代和近现代，且遍布于高山悬崖、丛林深涧及宫观庙宇之间。这些作品多由名家创作，既有王侯将相的亲笔，也不乏文人雅士的墨宝。上天梯中段的摩崖石刻"黄帝问道处"，是"人文始祖"轩辕黄帝登山问道的见证，石刻字迹清晰，笔法刚劲有力，具有较高的史料价值和书法价值。在历史长河中，崆峒山经历多次不同程度损毁甚至拆除，所以在崆峒山多处建筑都立有不同朝代的重修碑记。它们是崆峒山的历史印记。

崆峒山的石刻艺术不仅是历史变迁的见证者，更被誉为"崆峒书法艺术宝库"，吸引着众多游客前来参观和感受其深厚的文化底蕴。

（一）明万历　黄帝问道处石刻（1612年）

黄帝问道处石刻位于崆峒山上天梯路北侧崖壁上，材质为砂岩，整体由五块独立的石刻板块构成，每块石碑的高度统一为80厘米，而宽度则略有差异，65~90厘米（见图6-6）。这些石刻从右至左横向排列，字体均采用了工整的楷书形式进行雕刻。

图 6-6　黄帝问道处石刻

（二）清光绪　翔龙飞鹤碑（1906 年）

翔龙飞鹤碑采用石灰岩材质精心雕琢而成，整体由七块独立的石刻板块拼接而成。每块碑石的尺寸统一，高度均为 78 厘米，宽度和厚度则分别为 62 厘米和 7 厘米（见图 6-7）。这些石刻自左向右横向排列，其上的文字风格多样，既有流畅的行书，也有端庄的楷书。

图 6-7　翔龙飞鹤碑

(三)现代　黄帝问道于广成子处石碑(1993年)

黄帝问道于广成子处石碑位于崆峒山上天梯台阶起始位置,碑石为石灰岩质,总高度达到281厘米,此碑为两面刻,正面碑身自上而下竖刻"黄帝问道于广成子处"九个楷书大字,气势磅礴(见图6-8)。背面刻有《崆峒山志》部分内容,传承着崆峒山的历史文化信息。

图6-8　黄帝问道于广成子处石碑

(四)现代　陇东灵胜石刻

陇东灵胜石刻位于崆峒山上天梯处路旁崖壁上,由四块石碑并列组成。每块石碑的高度均为55厘米,宽度则为60厘米(见图6-9)。石碑上的文字自右向左横向排列,采用了古朴典雅的隶书字体进行雕刻。

图6-9　陇东灵胜石刻

知识拓展——古建中的"斗拱"

"斗拱"是中国古代建筑中独具特色的一种结构。它在古代被称为"铺作""斗科"或"牌科",现代则统一称为"斗拱"。斗拱的每个部分都如拼图般紧密相连,这种独特的构造方式正是中国古建筑与西方建筑显著不同的地方之一。

斗拱的历史源远流长,最早可追溯到周朝,其时青铜器上已能窥见它的雏形。随后,汉朝的绘画中也频繁出现斗拱的形象。到了唐朝,斗拱的发展达到顶峰,它成为水平框架中不可或缺的一部分,显著增强了建筑的整体性。宋代时,斗拱的形制更加标准化,结构也更加复杂,其设计原则被详细记载在《营造法式》一书中。

然而,随着时间的推移,斗拱逐渐从实用性向装饰性转变。元代出现了装饰性的假昂,明代斗拱则更加趋向装饰化,尺寸逐渐缩小。到了清代,斗拱的装饰性进一步加强,其结构功能则相对减弱,更多地成了屋檐下的装饰元素。这一过程就像是从简单的玩具逐渐演变成复杂而有趣的物品,但偶尔也会回归简约,却更加注重美观。

斗拱(见图6-10)位于建筑立柱和横梁交接处、枋梁间或梁架间,由层层交错叠置的斗形木构件(斗、升)、弓形木构件(拱、翘)及斜置的木构件(昂)等组成。它是建筑物立柱与挑出的屋檐的一个过渡,多用于柱子、额枋、屋檐或构架间,只有在重要的古建筑如宫殿庙宇,以及其他高级建筑上才能安装斗拱。在立柱顶、额枋和檐梁间或构架间,从枋上加的一层层探出成弓形的承重结构叫拱,拱与拱之间垫的方形木块叫斗,合称斗拱。

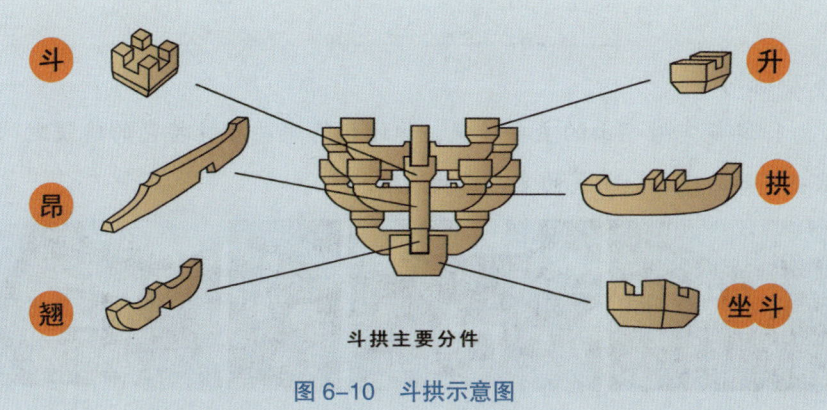

图 6-10 斗拱示意图

它不仅是结构的需要，而且也是构成古建筑优秀艺术形象的重要组成部分，是研究中国古代建筑史、研究中国木结构发展、古建筑年代鉴定、古代建筑艺术等问题重要的依据之一。

斗拱在结构上由四种部件组成。

（1）拱，与建筑物表面平行的弓形构件。

（2）翘，与建筑物表面垂直或呈45度或60度夹角的弓形构件。其形式与拱相同，唯放置方向不同。

（3）昂，昂在唐、宋时是斗拱中的斜置构件，起杠杆作用，这是真昂。明清时昂的结构作用下降，常常仅起装饰作用。其形式为将翘向外的一端特别加长，并斜向下垂（或斜向上挑出）。

（4）斗与升，斗与升都是斗形的立方块。位于拱的两端，界于上下两层拱或拱与枋之间的构建，清代叫"升"；位于翘或昂的两端，界于上下两层翘昂，或包括横拱之间的构建，叫作"斗"。斗和升除了位置不同外，在全部设有横拱的斗拱中，升上只承托与建筑物表面平行的拱或枋一种构件，所以只开一面口，叫作"顺身口"；而斗上则承托相交的拱与翘昂，所以斗上开的是"十字口"。

➡ **小练习**

1. 游览完崆峒山的主要建筑，你还记得哪些颇具特色的建筑呢？尝试将下列的建筑和所属的名字正确连线。

　　太和宫　　　　　三星殿　　　　　三官殿　　　　　朝天门

2. 观察皇城建筑群的斗拱样式，利用手里的斗拱材料包自己尝试制作斗拱构件。

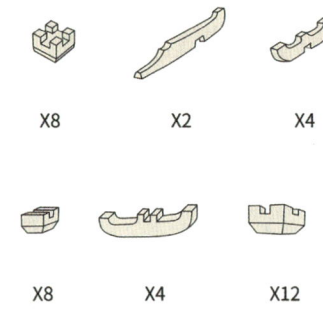

材料示意

3. 经过本讲的学习内容，根据自己的回忆和拍摄的照片，绘制一幅皇城古建筑群的平面布局图，绘图时标注出各殿的位置。

4. 与小组内同学交流崆峒山古建筑群之美，进行记录和汇总，并绘制一份文化板报。

5. 作为崆峒山的小小保护卫士，请你写一份简短的倡议书，呼吁游客和当地居民共同保护崆峒山的古建石刻。

6. 通过本讲的学习，产生了哪些收获和感想，写一篇研学日记记录下来。

第七讲 "非遗"遗韵 匠心独具

导读

 崆峒山地处陕、甘、宁三省区交会处,有古"丝绸之路""西出长安第一城"之称,有着深厚的历史文化底蕴,孕育出了宝贵的非物质文化遗产技艺,承载着当地人民的智慧和情感。通过对崆峒山"非遗"文化的学习,带领学生亲自体验和学习不同的"非遗"技艺,从而培养学生基本的美术素养,锻炼动手能力和思维创造力,激发青少年对传统文化的热爱和兴趣,倡导更多年轻人参与到"非遗"保护传承中。

课程活动范围

- 崆峒古镇

课程目标

- 了解崆峒山地区的民俗风情、民间技术等。
- 体验崆峒山地区的"非遗"传统手工艺等。
- 了解非遗传承的重要性,增强文化认同感。

准备材料

- 任务考察表
- 手机或相机
- 传统手工艺的各项材料
- 笔和本

一、平凉"非遗"

平凉历史悠久,文脉绵长,有陇山"旱码头"之称的平凉是丝绸之路经济带重要的节点城市,在经历数百年之后,积淀了很多丰厚的非物质文化遗产,人文荟萃,遗产丰富。平凉市的非遗文化具有广泛的群众基础,是当地人民群众在长期的生产生活中创造出来的,具有深厚的群众基础和广泛的参与性。平凉境内流传于民间的口述文学、传统的戏剧、曲艺、音乐、舞蹈、美术、武术、社火、木偶、皮影、剪纸、编织、雕刻等非物质文化光芒璀璨,异彩纷呈。

二、马尾荷包

传统的荷包大多由丝绸刺绣、缝制而成,模拟十二生肖、花鸟草虫、日常用品形状,吊上彩色装饰品,内装雄黄、艾叶等香料。但是在平凉庄浪一带流传的马尾荷包(见图7-1)却是荷包文化中的一朵奇葩,其制作工序复杂,工艺精细,造型精巧,形态各异,妙趣横生,具有很强的装饰性和收藏价值。

马尾荷包是在传统的荷包上套用马尾毛编织的网罩而成,上面绣龙凤呈祥、十二生肖、福禄寿喜、花鸟鱼虫及文字符号,取平安吉祥、幸福美满、多

图7-1 马尾荷包

子多福的寓意，极具地方特色。荷包小巧精致，色彩鲜艳，既可以用来做装饰品，也可作为礼物赠送别人，其散发的香味可以驱蛇逐虫。荷包还具有一种美好的文化含义，是中华民族传统文化的代表之一，代表着中国古老而优秀的文化传承。

> ※ **小实践**
>
> 　　学习马尾荷包的传统制作工艺，包括材料选择、编织技巧和装饰方法，配比不同的香料，做一个专属自己香味的马尾荷包。

三、陇东皮影

陇东皮影（见图7-2）是甘肃省非物质文化遗产。陇东皮影属秦晋影戏，是秦陇文化与周边族群文化互相融合而成，陇东皮影是中国皮影戏的重要一支。但经过几百年的发展和几代人的改革和创新，陇东皮影不仅融入了当地的文化与观念，经过世代长期的艺术实践，又广泛地吸收了民间剪纸、绘画和戏剧等多种艺术形式的长处，日渐形成了造型原则和造型风格。陇东皮影主要分布于平凉、庆阳地区各县，集中于陕、甘、宁三省区接壤的三角地带。

图7-2　皮影示意图

陇东皮影戏作为一种流派，常在红白喜事、宗教仪式和庙会上演出。其影人材料以皮草为佳，雕刻风格粗犷，色彩浓烈。崆峒皮影的人物造型分为生、旦、净、丑、末五大类，通过夸张眉、眼、鼻、嘴和胡须等来突显人物身份。

其造型轮廓以直线为主,形态俊俏,图案装饰丰富,色彩对比强烈,头部造型更是多达千余种。人物身高通常在30~50厘米,亦有高达1米的。到了清末,崆峒皮影还引入了带有复杂图案的大片布景,如"花果山""金銮殿"等,尺寸从50厘米到220厘米不等。演唱方面,崆峒皮影戏最初采用曲子戏和碗碗腔,后逐渐融入眉户调和秦腔,但主要仍以陇东道情(陇剧)为主。

> ※ 小实践
>
> 跟随研学旅行指导师,在平凉市戏曲博物馆了解学习皮影历史和知识后,进行皮影表演的体验。

四、平凉剪纸

剪纸是中国传统民间艺术中的瑰宝之一,具有悠久的历史和深厚的文化底蕴。它以纸张为载体,通过剪刀或刻刀镂空出各种图案,展现了独特的艺术魅力。剪纸作品不仅具有审美价值,还蕴含了丰富的文化历史信息,表达了民众的道德观念和生活理想。剪纸非遗的传承与保护,是对中国传统文化的重要贡献。

图 7-3 平凉剪纸示意图

平凉剪纸(见图 7-3)题材丰富多样,寓意深远,内容多源自日月星辰、山川花木、人物鸟兽及故事传说等。凡人们所熟知、热爱和向往的元素皆能在剪刀下焕发生机,而农家物品更是其永恒的主题。平凉剪纸形式繁多,包括窗花、门花、炕花等多种形式,有门花、炕窑花、窑顶花、箱柜花、灯笼花等。剪纸承袭了古老的民间艺术精髓,其风格粗犷、原始且明快，构图独特，敢于大胆夸张和自由装饰。不仅展现原始图腾与历史传统，还表达吉祥喜庆和祈求安康的愿景。

> ※ 小实践
>
> 掌握基本的剪纸技法，并创作出一幅具有个人特色的剪纸作品。

五、崆峒泥塑

泥塑（见图 7-4），古称泥雕，是以泥土为素材，手工捏制而成的艺术形式。它源远流长，自新石器时代起已历经数千年。早期作品多反映生活、神话及民间信仰，以简单的手法，塑造出鲜活形象。随着时光流转，泥塑艺术不断发展，各地形成了独特的风格。泥塑作为"非遗"技艺不仅承载着千年历史的文化瑰宝，更具有很高的艺术价值和审美价值。

图 7-4　泥塑示意图

在崆峒泥塑中，脊兽是一种很具有特色的作品，是由泥塑烧制而成的古建筑、房屋的装饰品。以泥塑为基础，塑成龙脊、凤脊、走兽、正吻、牡丹莲花脊、麒麟送子、莲花送子、大象狮子驮宝瓶、二龙戏珠、仙人走兽等160

个类别。脊兽是中国古代传统建筑中放置在房屋、宫殿等房脊上的雕塑作品，它们既是权力的象征，又是驱邪祈福的镇宅之宝。崆峒泥塑的脊兽作品，形态各异、姿态飘逸，体现了匠人们高超的技艺和丰富的想象力。这些脊兽作品不仅具有观赏性，还承载着深厚的文化底蕴和历史意义。

> ※ 小实践
>
> 在崆峒古镇泥塑学堂，跟随泥塑"非遗"老师创造一个泥塑作品。

六、崆峒面塑

早在周朝的祖先们开始从事农耕活动的时候，崆峒面塑就已经存在了，当时人们以面塑形式制作鸟兽，表达图腾崇拜。至今，每逢崆峒的红白喜事和传统佳节，制作花馍、面猴灯等传统面塑作品已成为习俗，这些作品也是崆峒面塑的原始形态。经过长时间的发展，崆峒面塑形成了其独特的艺术风格，造型精致、色彩艳丽且充满浓郁的民俗气息，成为当地民众生活中不可或缺的民俗艺术品。

崆峒面塑（见图7-5）的制作工艺十分讲究。首先，将矿物质颜料融入面团；接着，进行"开脸"步骤，即精心制作人物面部，通过"点、刻、按、挑"等手法塑造出人物的神态；然后，使用铁丝构建人物骨架，并用报纸包裹，再用剩余面团制成"五色面"来塑造大体形态；最后，将各个部分精心捏合、叠加，形成完整的面塑作品。整个制作过程涵盖构思、和面、蒸熟、揉面、配色、捏塑、干化、包装等多个环节，运用了揉、捏、压、搓、滚、碾、拨、切等多种技法，展现了制作者的高超技艺和匠心独运。

图 7-5 面塑示意图

> ※ 小实践
>
> 请通过跟随面塑"非遗"老师的讲解,利用学到的面塑知识和技能做一个自己最喜欢的面塑小动物。

七、平凉古法蓝染

古法蓝染,源于我国民间,是一种非常古老,且独具特色的植物染色工艺。秦汉时期便见雏形,运用天然草本为针织物染色。人们以蓝草等植物提取的色素作为染料,通过扎染、浸染、蜡染等技法,在纺织品上绘制出别具一格的花纹图案。蓝染工艺涵盖采集蓝草、制作蓝靛、多次浸泡晾晒等细致步骤,天然染料赋予作品自然、环保的色彩。

平凉蓝染(见图 7-6)技艺采用古老的沉淀法制靛工艺,待靛蓝沉底后过滤出靛泥,再用草木灰、米酒、麦芽糖在土缸中加水混合搅拌,发酵后的染液具有独特的生命力。制作具体流程主要通过打淀、画、刻、敷、染、晒六个步骤完成。平凉蓝染技艺源远流长,型染、缬染、扎染等多种技法交相辉映，其中绞缬、蜡缬、夹缬等更是独步天下。这一传统工艺不仅展现了古代人民的染色技术，更体现了他们对自然的敬畏与理解。如今，蓝染艺术不仅成为时尚界的宠儿，更是非遗文化的重要载体，受到越来越多人的青睐与珍视。它以其独特的魅力，让人们在欣赏美的同时，感受到中华文化的博大精深。

图 7-6　蓝染示意图

> ※ 小实践
>
> 　　在崆峒古镇蓝染研学基地尝试使用蓝染工艺，为自己做一件独一无二的衣服。

八、瓦当拓印

拓印，又称传拓。这一传统工艺，以纸墨为媒介，通过特定工具将器物上的文字、图形和纹饰复制到纸上。它不仅具有深厚的历史底蕴，还散发出独特的艺术魅力。拓印的技艺能够呈现出别具一格的视觉美感。

在我国古代，拓印被广泛用于文献资料的复制和保存。起初，它主要用于碑碣的传拓，随着时间的推移，逐渐扩展至青铜器、玉器、古墨、铜镜、钱币、名砚、印章边款，甚至包括砖瓦、竹木雕刻和殷商甲骨等（图7-7）。这些不同的器物对拓印技术提出了不同的要求，从而推动了拓印技法的不断发展和完善。同时，拓印技术也使得文献的复制和保存范围更为广泛，丰富了拓印的艺术表现力。

图7-7　瓦当拓印

※ 小实践

在拓印研学教室里，选择自己喜欢的一块瓦当，利用学到的拓印技巧，完成一份瓦当拓印作品。

> **小练习**
>
> 1. 请将以下"非遗"技艺与其对应的描述连线：
>
> 崆峒面塑　　　以纸为原材料，经过剪刻而成的艺术品
>
> 崆峒剪纸　　　以泥土为原料，经过捏制、烧制而成的工艺品
>
> 崆峒泥塑　　　以面粉为原料，经过巧手捏绘而成的艺术品
>
> 2. 除了在崆峒山学到的"非遗"技艺，你还知道哪些"非遗"文化？
>
> 3. 将自己动手制作的"非遗"小作品拍成照片，制作一个自己的"非遗"作品集。
>
> 4. 通过上网搜集资料，研学旅行指导师引领学生制作一张平凉"非遗"图谱。
>
> 平凉非物质文化遗产
>
> 文学　美术　音乐　舞蹈　戏曲　手工艺　民俗　传统体育　医药
>
> 5. 通过本讲的学习，加深了同学们对崆峒山"非遗"文化的了解，学习了许多"非遗"手工艺，在小组内谈谈自己的感想和收获，并选择一个你感兴趣的崆峒山非遗项目，想象自己是这个项目的传承人，设计一份简短的传承计划，说明你将如何学习、保护和传播这项非物质文化遗产。

第八讲　黑白对局　围棋之圣

导读

  2019年经中国围棋协会批复，平凉市荣获"全国围棋之乡"称号。至今留存着崆峒山棋盘岭、华亭烂柯山等丰富的围棋文化遗迹，传颂着广成子与赤松子对弈、左宗棠在柳湖下围棋等广为人知的围棋故事，尤以崆峒山棋盘岭的故事流传甚广。相传远古仙人广成子驾玄鹤来到崆峒山，住下来养神化气，邀仙友赤松子前来谈仙论道，下棋消遣。仙师对弈，神乎其神，都不动手，棋子却一来一往，随二位仙师之心而动。至今，在崆峒山高峰南侧的半山处，有一面积约300平方米的平台，在平台的南边有一块古朴的青石，传说这里就是广成子和赤松子对弈之处，因此得名棋盘岭，此方青石唤作棋盘石。在棋盘石的旁边，还有一株伞形古松，弯身而立，犹如凝神观棋，故名观棋松。

  崆峒山，这座被誉为中华道教文化摇篮的山脉，不仅山川壮丽、风光秀丽，还与围棋文化有着深厚的渊源。

课程活动范围

- 棋盘岭一带
- 弹筝湖研学基地

课程目标

- 了解崆峒山有关围棋的历史和文化。
- 了解围棋的基本规则和礼仪,培养对围棋的兴趣。
- 亲自体验棋类游戏。

准备材料

- 手机或相机
- 笔和本
- 学习围棋的相关道具

一、围棋的入门

(一)围棋礼仪

在围棋的世界里,每一步棋的落子不仅是智慧的较量,更是对传统文化的传承与尊重。围棋礼仪,作为这一古老游戏的重要组成部分,不仅规范了棋手们的行为举止,更体现了对对手的尊重和对围棋精神的敬畏。

入座礼仪:当双方棋手入座时,应相互点头致意,并调整好棋盘和棋子的位置。入座时让年长者或者段位高者坐在上座(放置白棋的一方),幼者要替年长者拉开椅子。先起立向对方行礼,行礼方式可以是拱手、鞠躬或握手,同时说"请多指教"等礼貌用语。入座时,应轻轻将椅子向后拉开,从椅子的左侧进入,然后坐下。

坐姿礼仪:坐姿礼要求棋手保持端正的坐姿,在对局过程中,棋手应避免随意晃动身体或调整坐姿,以免影响对手的注意力。坐姿应保持端正,上身自然挺直,不要佝偻或斜倚。双膝并拢,双脚自然着地,双手可以轻轻搭在大腿上。在对弈过程中,坐姿应保持稳定,避免频繁调整或晃动。

猜先礼仪：猜先礼是对局开始前决定先后手的礼仪。双方棋手通过猜子或猜拳等方式来决定谁执黑先行。通常由年长者或段位高者先抓白子，另一方猜单数或双数。猜对者执黑先行，猜错者执白后行。

执子礼仪：执子时，应用中指和食指夹住棋子，中指在上，食指在下，轻轻夹起棋子。避免使用力气过大或随意取子，保持对棋子的尊重。取子后，应将手收回自己的一方，避免越过棋盘中线。

开局礼仪：开局礼是对局正式开始前的礼仪。当双方棋手各自摆好自己的棋子后，应相互点头致意，表示对局的正式开始。黑方第一手棋应下在右上角，表示对对手的尊重。白方则根据黑方的落子位置进行应对。

落子礼仪：落子礼是棋手在下棋过程中的礼仪。在落子前，棋手应先思考好自己的着法，然后用手指轻轻按住棋子，再将其放在棋盘上。在落子时，应注意不要犹豫或拖延时间，以免影响对局的进程。落子前，应先思考好自己的着法，避免随意下棋或悔棋。落子时，应将棋子轻轻放在棋盘的交叉点上，避免碰到其他棋子。落子后，手应离开棋子，表示落子无悔。

认输礼仪：认输礼是在一方棋手认为无法挽回败局时，主动向对手表示认输的礼仪。在认输时，棋手应保持谦逊和友好的态度，向对方表示敬意。同时，认输也是一种对围棋精神的体现，即面对失败时保持冷静和理智，可以拿起自己的两枚棋子轻放在棋盘上表示认输；在有计时钟的情况下，也可以主动停钟表示认输；也可以说"我认输了"或"这局我输了"。认输后，应将自己的棋子收拾好，放回棋盒或指定位置。注意的是，随便将棋子推乱是为不敬，如需查棋判定胜负，则双方需要等待裁判查棋，不可乱动棋盘。

收子礼仪：当对局结束时，双方棋手应相互点头致意，然后轮流将各自的棋子收回棋盒中。收棋不是只收自己的棋，而是双方的棋都需要收，不能只收完自己的棋就匆匆离去。为了表示对对方的尊敬，棋手们常常会先收对手的子以示对对方尊重。收子时，应轻拿轻放，避免将棋子弄散或损坏。收好棋子后，应向对方点头致意，表示对局的结束。

围棋礼仪不仅是对棋手行为的规范，更是对围棋文化和精神的传承。它教会我们尊重对手、尊重规则、尊重传统，让我们在智慧的较量中感受到传统文化的魅力。

（二）围棋棋盘与棋子

棋盘（见图 8-1）：围棋盘是方形的，由纵横各十九条等距离、垂直交叉的平行线构成，19×19 形成了 361 个交叉点，每个交叉点通常约为 2.3 厘米至 2.4 厘米见方。在棋盘上标有九个小圆点，称作"星"。中央的星又称"天元"。

棋子：棋子分黑白两色，形状为扁圆形体。棋子的数量以黑子 181 枚，白子 180 枚为宜。棋子一般一面平、一面凸。

图 8-1　围棋棋盘与棋子示意图

（三）围棋的基本规则

交替行棋：围棋对局中，双方轮流在棋盘的交叉点上放置棋子，每次只能放一个子，棋子下定后就不能再移动到其他位置。

气的概念：在棋盘上与棋子紧紧相邻的空交叉点，是这个棋子的"气"。棋子必须至少有一口气才能存在于棋盘上。

吃子规则：如果棋子的气全都被对手占据，那这个棋子就处于无气状态，无气的棋子不能留在棋盘上,即被吃掉。吃子是围棋的基本操作,也是增加对方负担的重要手段。

禁着点:棋盘上的任何一点,如某方下子后,该子立即呈无气状态,同时又不能提取对方的棋子。这个点叫作"禁着点"。

禁止重复着法:对局时,任何一方均不得连续进行重复着法(同一步棋反复下)。

胜负判定:当棋局进行到双方都不能再下时,就是终局。此时棋盘上活着的棋子和所占的区域越多,得分就越高,超过对手即为胜利。

> ※ **小实践**
> 到弹筝湖研学基地,在围棋老师的指导下,进行一场两两围棋对决。

二、崆峒山与围棋的精神传承

崆峒山一直被誉为"围棋圣地",这一称号与道教文化的深厚底蕴密不可分。

围棋的起源并非单纯为了娱乐,它最早是道家用于观察天地、占卜阴阳的工具,承载着古人"观天察地"的智慧。随着研究的深入,围棋逐渐拓宽了领域,成为娱乐、教育和文化等多个方面的载体。在道家文化深厚的崆峒山,围棋更是成为他们探讨道法、修身养性的重要媒介。

围棋作为中华文化的瑰宝,其蕴含的哲学思想深刻而丰富,包括天地方圆、阴阳动静等原理。崆峒山作为道教圣地,其"天道、世道、人道"的理念与围棋的"棋道"有着高度的契合。这种契合不仅彰显了围棋文化的深厚底蕴,也体现了崆峒山文化的独特魅力。

围棋不仅仅是智力游戏,它更是一个诠释道法自然、模拟大千世界的完美模型。它凝聚了中华文化的精髓,是中国对世界文化的重要贡献。崆峒山作为道家文化的发祥地之一,其围棋文化传承在中国独树一帜,与围棋的起源文化紧密相连,共同谱写了中华文化的辉煌篇章。

> ➡ **小思考**
>
> 1. 你还了解哪些围棋知识呢?认识哪些知名围棋选手?
> 2. 想一想,在围棋比赛中,需要具备哪些基本素质,为什么?

三、棋盘岭的故事

棋盘岭(见图8-2),位于崆峒山主峰雷声峰南侧,是一个充满传奇色彩的平台。据史书记载,上古时期,两位仙人曾在此进行了一场玄妙的黑白对弈。如今,岭上仍存有一块青石棋盘,旁边则是一株千年的伞形古松,人称"观棋松"。正是它见证了那段传奇的棋局。有诗云:"石棋盘前古松立,仙人对弈留传奇;云寒千载谈乌鹭,唯有闲情寄此间。"故此棋盘岭被誉为"天下围棋第一地"。

图 8-2 棋盘岭

另一传说,轩辕黄帝闻听广成子修道于崆峒山,便不远千里前来求教。

当黄帝到达时，广成子和赤松子正在棋盘岭上沉浸于棋局之中。由于黄帝的到来打断了他们的对弈，两位仙人便留下了一局未完的棋局，后人称其为"亘古一盘棋，胜负无人知"。这一传说更为棋盘岭增添了神秘色彩和文化底蕴。

知识拓展

（一）围棋与智力游戏"丁方"

在平凉境内崆峒区、华亭市、崇信县的村庄里有一种广为流传的与围棋相类似的游戏，叫"丁方"（又名"掐方"），许多大人和小孩都会玩。丁方可以看作迷你型围棋。人们随意在地上画出纵横九个道的方格图案，游戏双方一方执石子，一方执木棍，在方格图的交叉点上落子。游戏规则可以做"方"（如围棋做眼，做成一"方"可以提对方一子），可以"围"，可以"吃"，最后以占子多者为胜。这个游戏与围棋非常类似，可以说是围棋的简化形态。实际上，围棋不是一发明出来就完善到今天这种横竖十九路围棋的，敦煌及河北等地就曾出土过十七路的围棋盘和围棋子。目前网络上的九路和十三路围棋，基本规则与十九路围棋完全一致。

（二）围棋经典小故事

1. 王质与烂柯山

晋朝时期，围棋风靡一时，民间关于围棋的传说也多了起来。其中最有名的便是千百年来脍炙人口的烂柯山的故事：衢州一位名叫王质的樵夫，打柴时遇到两位仙人下棋，他在一旁看入了迷，天色已晚时才想起该回家了，他拿起打柴用的斧头，却发现斧柄已经腐烂，回到村里，发觉村民都是生面孔的人，一问才知，原来人间已过了五百年，他这才明白自己是遇见了神仙。

后人有诗为证：

闲看数着烂樵柯，涧草闲花一刹那；

五百年来棋一局，仙家岁月也无多。

2. 王积薪仙师授艺

王积薪是唐玄宗时的"棋待诏"，"安史之乱"时，他跟随皇帝逃往四川。途中的一天夜晚，王积薪借宿在一位老妇人家，晚上听到老妇人和她的媳妇躺在床上对话："夜很长，一时也睡不着，咱们来下盘围棋吧！"老妇人说。"好的。"媳妇回答。王积薪好不奇怪，心想："屋里没有灯，躺在床上怎样下围棋呢？"便侧耳听着。"起东南九放一子。"媳妇说。"东五南十二放一子。"老妇人回答。"起西八南十放一子。""西九南十放一子。"……两人这样你一句我一句，总共下了三十六着棋后，忽听老妇人说："你输了，我胜了九路。"王积薪惊异不止。

天亮后，他向老妇人请教，老妇人便和媳妇给他一一讲解昨夜下的那局棋。王积薪觉得这盘棋下得十分奇妙，便把它叫作"邓艾开蜀势"，带回去认真研究，自此棋艺大进。后来王积薪根据前人和自己的实践经验，总结出围棋《十诀》：不得贪胜；入界宜缓；攻彼顾我；弃子争先；舍小就大；逢危须弃；慎勿轻速；动须相应；彼强自保；势孤取和。

3. 吕元应以棋品观人品

唐朝东都留守吕元应，常和门客下棋。一回，正下着棋，送来了大量公文。要他立即处理。吕元应刚拿起笔来准备批复，下棋的门客迅速偷换了一子。吕元应看得一清二楚，只是未动声色。门客最后胜了这盘棋。第二天，吕元应就请这位门客走了。临行时，吕元应依然以礼相待。

十多年过去了，吕元应终因重病不治行将离开人间，他把儿子、侄子叫到床前，对他们说："结交友人须慎择。"接着，他向他们讲述了十年前与门客下棋的那段往事，说："偷换一子，我倒并不介意，但由此可见此人心迹卑下，不可深交。你们一定要记住这些。"吕元应的遗言是他多年察历人生的经验之谈，棋品和人品是不可分割开的。

➡ **小练习**

1. 在围棋中，哪个术语表示一方棋子被另一方的棋子完全包围，且无法逃脱的状态？（　　）

　　A. 提子　　　　B. 劫　　　　C. 禁入点　　　D. 将军

2. 出一则谜语考一考同学们，谜面是：小小棋盘，大大世界，黑白相争，胜负难料，打一智力游戏。（　　）

　　A. 五子棋　　　B. 跳棋　　　C. 围棋　　　　D. 国际象棋

3. 崆峒山有一个著名的围棋遗迹，它的名字是＿＿＿＿＿＿？

4. 除了围棋你还会哪些棋类游戏？例如五子棋、跳棋等，分组与同学们进行对战，获胜的一方可以获得研学旅行指导师准备的小奖品。

5. 经过对围棋历史的了解和学习，你有了哪些收获与感想？对以后的学习生活有哪些借鉴意义？写一篇随笔记录下来。

第九讲　山色秀美　诗韵千古

导读

"崆峒山秀色如画,诗人墨客竞相夸",在华夏大地的辽阔版图上,崆峒山宛如一颗璀璨的明珠,镶嵌在黄土高原的怀抱中。自古以来,许多文人墨客都前来崆峒山探秘寻幽,感悟真谛。他们通过精美的诗文及楹联,将崆峒山的自然美景、人文景观以及山中的道教文化传承下来,成为永恒的文化遗产。这些诗文、楹联有的描绘了崆峒山的壮丽景色,有的记录了游览的感悟,有的探讨了佛、道的思想,还有的留下了游览的足迹。这些诗文及楹联不仅文采斐然,更富含深意。通过学习赏析崆峒山的经典诗文及楹联,让学生深刻感受崆峒山的神奇魅力以及中华传统文化的博大精深。

课程活动范围

- 崆峒山各殿堂

课程目标

- 了解古代文人墨客与崆峒山的关系。
- 赏析关于崆峒山的诗词佳作与经典楹联。
- 深入了解崆峒山的历史文化和人文魅力。

准备材料

- 笔和本
- 手机或相机

名山往往伴随胜景，胜景又往往催生诗篇。殿堂之于名山，犹如楹联之于殿堂，二者皆不可或缺。名山与诗词楹联相互滋养，名山孕育了诗词楹联的灵感，而诗词楹联又赋予名山灵魂。崆峒山，作为道教的重要圣地，蕴藏着丰富的历史文化。它既是道教兴衰的见证者，也是文人墨客情感的寄托。崆峒山的人文魅力，不仅在于其独特的自然景观与深厚的文化底蕴，更在于它能触动人心，启迪智慧。从古至今，无数文人墨客的诗词佳作，以及现代游客的感悟体验，都深刻展现了崆峒山的人文魅力。

一、文人墨客与崆峒山的情缘

崆峒山融北国雄壮与南国秀美于一体（见图9-1），被誉为"西镇奇观"，其磅礴气势吸引无数历史名人前来探访。据传，黄帝、秦始皇、汉武帝等帝王都曾登临，而著名史学家司马迁也留下过西登崆峒的足迹。

图 9-1　崆峒山风景图

千百年来,泾河如母亲河般流淌不息,滋养着沿岸的黄土地及其子民,而崆峒山依旧巍峨壮丽,魅力不减。唐代诗坛巨匠李白、杜甫和孟郊等人亦纷纷踏足此地,吟咏其壮丽风光,留下无数传世佳作。这些诗作不仅表达了对崆峒山美景的赞叹,更承载了人们对古老传说的无尽遐想,激发了深沉的怀古之情,成为崆峒文化不可或缺的诗意篇章。

初唐才子骆宾王,七岁便能作诗,他的《边城落日》被传为最早描写崆峒山的诗词,其中"紫塞流沙北,黄图灞水东。一朝辞俎豆,万里逐沙蓬……河流控积石,山路远崆峒"之句,生动描绘了崆峒山的苍茫与壮丽。

而杜甫这位诗坛巨擘,亦多次以崆峒山为题材,其《寄高三十五书记》中的"主将收才子,崆峒足凯歌"表达了对友人才华的由衷赞赏;《赠田九判官(梁丘)》则以"崆峒使节上青霄,河陇降王款圣朝"赞颂了名将哥舒翰的赫赫战功。此外,柳宗元的《唐铙歌鼓吹曲十二首·其四》《泾水黄》、李嘉祐的《题灵台县东山村主人》、许棠的《过分水岭》和《陇上书事》等作品,皆为描写崆峒山的佳作,共同构筑了崆峒文化的瑰丽画卷。

崆峒山在诗人心中,不仅是一处美景,更与仙鹤、仙气紧密相连。诗人常将鹤视为仙道的象征,认为仙鹤栖息之地是长生不老、自由自在的仙境,常有神仙在此修炼。鹤作为道教文化的重要元素,常出现在诗歌中,引发诗人对仙道的遐想。贾岛曾言:"鹤过君须看,上头应有仙。"崆峒山正是这样一个被诗人赋予神秘色彩的地方。

明代诗人乔世宁的《元鹤行》以"我闻崆峒山,上有古仙庭"等句,表达了对仙道的向往之情。王崇古则在《游崆峒》一诗中直抒胸臆,听说仙人张三丰在崆峒山以鹤为伴修炼,于是也前来一游,希望探寻长生不老之秘。马文升的《游崆峒》则通过"苍龙""元鹤"等意象,突显了崆峒山的神秘与仙气,令人心生向往。

崆峒山,云雾缭绕,美景与传说并存。相传,上古仙人广成子曾在此山的混元洞修道,并常与仙友赤松子品茶论道。李白作为最早将崆峒山视为神山、仙山的诗人,其诗歌深受道教思想影响,充满了对仙道的追求与向往。

此外,崆峒山不仅承载了丰富的历史文化,还见证了无数诗人的足迹与情怀。他们在此寻仙访道,留下了众多珍贵的诗篇,使崆峒山成为文化与自然的完美融合之地(见图9-2)。

图9-2 崆峒山诗人

> **➡ 小思考**
>
> 曾在崆峒山留下足迹的诗人中,你最喜欢哪一位,请利用网络和相关书籍了解他的生平,品味他在崆峒山创作的诗词,感受他当时的心境和情感。当你收集并诵读这些诗词时,想象跨越时空与诗人展开对话,开启一场独特的文化之旅。

二、崆峒山的诗词佳作赏析

边城落日

（唐）骆宾王

紫塞流沙北，黄图灞水东。一朝辞俎豆，万里逐沙蓬。
候月恒持满，寻源屡凿空。野昏边气合，峰迥戍烟通。
膂力风尘倦，疆场岁月穷。河流控积石，山路远崆峒。
壮志凌苍兕，精诚贯长虹。君恩如可报，龙剑有雌雄。

古风其二十五

（唐）李白

世道日交丧，浇风散淳源。
不采芳桂枝，反栖恶木根。
所以桃李树，吐花竟不言。
大运有兴没，群动争飞奔。
归来广成子，去入无穷门。

寄高三十五书记

（唐）杜甫

叹惜高生老，新诗日又多。
美名人不及，佳句法如何？
主将收才子，崆峒足凯歌。
闻君已朱绂，且得慰蹉跎。

赠田九判官（梁丘）

（唐）杜甫

崆峒使节上青霄，河陇降王款圣朝。
宛马总肥春苜蓿，将军只数汉嫖姚。
陈留阮瑀谁争长，京兆田郎早见招。
麾下赖君才并入，独能无意向渔樵。

北台

（明）朱沧屿

两溪通径杳，独木行岩棱。
路险身难度，山高屐畏登。
龙吟时作雨，萤晃夜疑灯。
为慕禅林静，攀援礼大乘。

题壁二首（其二）

（宋）夏元鼎

崆峒访道至湘湖，万卷诗书看转愚。
踏破铁鞋无觅处，得来全不费工夫。

崆峒

（清）谭嗣同

斗星高被众峰吞，莽荡山河剑气昏。
隔断尘寰云似海，划开天路岭为门。
松拏霄汉来龙斗，石负苔衣挟兽奔。
四望桃花红满谷，不应仍问武陵源。

崆峒山
（宋）游师雄

崆峒一何高，崛起乾坤辟。
峻极倚杳冥，峥嵘亘今昔。
势将玉绳齐，位据金野窄。

广成子洞
（宋）游师雄

复闻广成子，不为外虑役。
轩后屈至尊，稽颡请所益。
至今洞犹存，峭壁宛遗迹。

游崆峒
（明）李攀龙

风尘问道欲如何，二月崆峒览胜过。
返照自悬疏陇树，浮云忽断出泾河。
长城雪色当峰尽，大漠春阴入塞多。
已负清尊寻窈窕，还将孤剑倚嵯峨。

元鹤行
（明）乔世宁

我闻崆峒山，上有古仙庭
中有元鹤栖洞冥，时复乘风游太清。
元鹤饥食玉田禾，渴饮甘露精。
千岁色始元，天地同长生。
我思元鹤不可见，侧望崆峒只长叹。
君上崆峒问道台，天风忽送元鹤来。

举手招元鹤，划然天宇开。
四海一杯水，五岳等浮埃。
此时意兴超八极，下视人间何有哉。
自谓生平此奇遇，胡不即跨元鹤去。
来往蓬邱渺烟雾，日与群仙共嬉豫。
胡为日暮空归来，回首元鹤复何处。
我亦十年慕广成，白云常系帝乡情。
闻此令予意超忽，若有烟霞平地生。
又若毛羽使身轻。
宛坐仙台上，逍遥指玉京。
元鹤冉冉来相迎，上有羽盖下云軿。
见此云鹤羽盖与云軿，与君同赋升天行。

崆峒十二景

（明）罗潮

香峰斗连
山下望北斗，仰天但翘首。直上杳山望，斗枢如在手。

仙桥虹跨
仙桥飞渡壑，横亘长虹卧。来往闲游者，不信天边过。

笄头叠翠
云雨巫峡出，冠笄崆峒矗。谁说山无情，亦自巧妆束。

月石含珠
一片青天月，盈亏无暂歇。影落溪边石，圆光永不缺。

春融蜡烛
山游苦不早，况值青春好。只恐日光移，蜡烛夜皎皎。

玉喷琉璃
琉璃泉滚滚，星日尽沉影。试取一杯尝，清甘润喉吻。

鹤洞元云
云向洞边起，鹤在洞中眠。色玄机更玄，曾识轩辕帝。

凤山彩雾
灵鸟归何处，高冈空在觑。今世有周文，何不西山去。

广成丹穴
北崖插天表，丹洞迷芳草。知是广成居，怅望云杳杳。

元武针崖
铁釜大如杵，钢针细似黍。磨却石崖穿，下得工夫苦。

天门铁柱
一寸仅一步，天门攀铁柱。自向此间行，才得上天路。

中台宝塔
浮屠高七级，中虚外壁立。绝顶八窗开，晴山树历历。

自平凉柳湖至泾州道中

（清）谭嗣同

春风送客出湖亭，官道迢遥接杳冥。

百里平原经雨绿，两行高柳束天青。

蛙声鸟语随鞭影，水态山容足性灵。

为访瑶池歌舞地，飘零黄竹不堪听。

（*所有诗词均摘自《历代崆峒诗文注解》马得瑜 注）

※ 小实践

活动一：诗词朗诵会

选取几首经典的与崆峒山相关的诗词，让学生进行朗诵。可以分组进行，每组选择一首诗词进行表演，可以配以背景音乐或简单的动作，通过朗诵感受诗词的韵律和意境。

> 活动二：诗词读后感交流
>
> 鼓励学生提出自己的见解和疑问，通过讨论和交流，引导他们深入思考和理解。同时，通过欣赏和分析优秀的诗词作品，提升学生的文学鉴赏能力，培养他们的审美情趣。

三、崆峒山的经典楹联解读

楹联，又称对联，是中国传统文化中的一种独特艺术形式，乃厅堂前壁之柱上所悬之对句，常见于厅旁、寺庙、殿堂、官署、书斋、馆舍、亭阁、牌楼、门户之两侧。它集语言文字之精髓，展现着中华传统文化之深邃。楹联源于诗词，却在其基础上有所发展，对仗更趋工整，平仄更为协调。由于篇幅、格式与字数的限制，楹联之技艺更显精湛，内涵更为丰富，创作难度亦随之增大。

崆峒山所存楹联（见图9-3、图9-4），皆为历代官员与文化名流所作，它们赋予这座名山以生机、人文气息、高尚品格与优美韵律，堪称高雅文化之典范。因此，楹联不仅受到文人雅士的珍视，亦深受普通百姓之喜爱。

图 9-3　法轮寺楹联

图 9-4　三官殿楹联

知识拓展

（一）如何创作楹联

楹联通常以两句对仗工整、意义相关的诗句组成，分为上联和下联，有时还包括横批。基本规则包括：

1. 字数相等：上联和下联的字数必须相等。

2. 对仗工整：上下联的词语应该在词性、词义、声调上相互对应，形成对仗。

3. 平仄相对：在声调上，上下联的平仄应该相对，即上联的平仄与下联的平仄要交错出现。如"平平仄仄平平仄，仄仄平平仄仄平"。

4. 意义相关：上下联的意义应该相关或相互补充，共同表达一个完整的意境或主题。

(二)楹联集萃赏析

沧海未全归崆峒，平凉无处不飞花

——法轮寺

行看云涛闻天籁　坐听梵吹悟禅机

——张克复　撰

花开花落岩前景　云去云来岭上峰

——崆峒山新志

龙潜古洞已千年紫云常护　鹤返虚坛尚万古晴日高照

——玄鹤洞

三眼分明通观大地　一鞭威武永护南天

——朝天门

传道真人游仙去　华夏后裔谒圣来

——问道宫　陈瑄

东海白鹤千秋寿　南岭青松万年春

——弥陀寺

三官考校不偏不倚不徇私　四圣临驾善始善终善决断

——三官殿

道德为原本至高无上　知识即诚明学海无涯
此地有崇山峻岭茂林修竹　其间能宜春消夏延秋款冬

（所有诗词均摘自赵先明.崆峒山楹联集粹.甘肃人民美术出版社，2015）

※ 小实践

1. 楹联创作比赛

鼓励同学们根据崆峒山的特色或自己的想象,创作属于自己的楹联。可以是对景色的描绘,也可以是对情感的表达。楹联需要体现崆峒山的历史文化和人文魅力,同时也要符合楹联的韵律和格式要求。通过挑战,锻炼同学们的文学素养和创造力。

简单示例:

上联:山川秀丽藏幽境

下联:云雾缭绕隐仙踪

2. 楹联赏析会

选取经典的崆峒山楹联,让同学们分组进行赏析。他们可以讨论楹联的意境、用词、平仄对应和修辞手法等,分享自己的理解和感受。通过赏析,提升同学们对楹联美的感知和欣赏能力。

➡ 小练习

1. 下列诗词,哪句是描写崆峒山的传说或文化背景的?（   ）

A. 崆峒山高入云端,峭壁千仞绝人烟。

B. 崆峒问道何求仙,黄帝乘龙访广成。

C. 崆峒山色映晚霞,流水潺潺绕山崖。

D. 崆峒山前花满径,春风拂面柳丝长。

2. 根据你对崆峒山的了解,请充分发挥想象,依据"峭壁悬崖路几盘"这句诗词,画出诗中意境。

3. 请将楹联的上下联进行配对:

上联:云卷千峰色

下联选项:(　　)

A. 月明万里秋

B. 水流万古声

C. 风吹一叶秋

4. 赏析"松拿霄汉来龙斗,石负苔衣挟兽奔"这句诗,说说它描绘了怎样的景象。

5. 登临崆峒山,看到云海翻腾、松涛阵阵的美景,请模仿古诗词的风格,创作一首短诗或几句诗来表达你的感受。

第十讲　崆峒武术　威震西陲

导读

在古老而神秘的崆峒山之巅，流传着一门千年不衰的武术——崆峒武术（见图10-1）。它如同山间的清风，悠远而深邃，蕴含着大自然的智慧与力量。每当晨曦初露，霞光映照在山巅之上，那些身着素衣的武者便会在山间舞动，他们的身影矫健如飞，拳脚之间流露出一种独特的韵律，仿佛与天地融为一体。

图 10-1　崆峒武术

崆峒武术，深深扎根于五千年的中华文明之中，既承载了中华传统血脉的精髓，又凸显了鲜明的时代特色。它不仅蕴含了中华文化的深厚底蕴与无尽魅力，还展现了现代文明与历史文明之间的紧密传承。作为中华民族的瑰宝，崆峒武术无疑是国粹之一，同时也是地域文化的杰出代表。在古代崆峒地区，丰富的文化底蕴与频繁的战乱共同孕育了当地人民的尚武精神，使得崆峒武术成为崆峒文化中的珍贵"活化石"。

　　本讲将带领学生深入探索崆峒武术的奥秘，领略中华武术的博大精深。通过学习崆峒武术，不仅可以让学生锻炼身体、增强体质，还能培养学生的意志品质和道德情操。

课程活动范围

- 中台、南台

课程目标

- 了解崆峒山武术的起源与特点。
- 学习崆峒武术基本动作及武术礼仪，观看武术表演。
- 参与青少年武术体验活动。

准备材料

- 调查问卷
- 学习武术的相关服装及道具
- 笔和本
- 手机或相机

　　古崆峒之地，历史悠久，文化底蕴深厚，频繁的战乱孕育了这片土地上的人们崇尚武术的精神。早在先秦时期，就有"空同之人武"的记载，显露出当地人对武术的热爱与执着。随着历史的推进，民间的武术风气越发浓厚，

唐宋时期崆峒山的道教、佛教武术得到了振兴。清末至民初，民间武术达到了鼎盛阶段，各种门派林立，武场遍布，英才辈出。改革开放以来，崆峒武术开始声名远扬，武术交流日益频繁，深受国内外武术爱好者的喜爱与推崇。

※ 小实践

以小组为单位，针对武术表演者及武术爱好者进行采访，可以设计一份调查问卷，以深入了解他们的武术学习经历与感受。以下是包含几个核心问题的调查问卷设计。

武术学习经历与感受调查问卷

*问题一：您开始学习武术的时间是什么时候？

请选择大致的时间段：

[ ] 童年时期　　　　[ ] 青少年时期

[ ] 成年后　　　　　[ ] 其他，请补充：_____

*问题二：您学习武术的初衷或动机是什么？（多选）

[ ] 兴趣爱好　　　　[ ] 锻炼身体

[ ] 传承文化　　　　[ ] 自我挑战与提升

[ ] 职业发展　　　　[ ] 受家人或朋友影响

[ ] 其他，请补充：_____

*问题三：您目前练习武术的频率是怎样的？

[ ] 每天　　　　　　[ ] 每周数次

[ ] 每月数次　　　　[ ] 偶尔

[ ] 很少练习

*问题四：您通常在哪里练习武术？

[ ] 武术馆或训练中心　　[ ] 公园或广场

[ ] 家里　　　　　　[ ] 学校或单位

[ ] 其他，请补充：_____

*问题五：您是如何开始接触并了解武术的？

[ ] 通过家人或朋友介绍

[ ] 观看武术表演或比赛

[ ] 媒体宣传（如电视、网络）

[ ] 学校或单位组织的活动 [ ] 其他，请补充：_____

*问题六：学习武术之后，您觉得您的身心发生了哪些变化？（多选）

[ ] 身体素质提高 　　　[ ] 心态更加积极

[ ] 自信心增强 　　　　[ ] 学会了自我保护

[ ] 社交圈子扩大 　　　[ ] 对传统文化有更深的了解

[ ] 其他，请补充：_____

通过这份调查问卷，我们可以更全面地了解武术表演者及爱好者的学习经历、动机、练习频率及环境，以及学习武术给他们带来的身心变化。这些信息将有助于我们更深入地探讨武术文化的传承与发展。

一、崆峒武术的发展史

古代氏族部落间的战争催生了原始的崆峒武术，平凉地区历史上频繁的战乱与社会动荡，直接促成了当地尚武风气的形成，为崆峒武术的发展提供了沃土。

平凉依偎于古陇山（今关山）两侧。历史上，陇山作为中国东西部的天然分界线，地理位置显著。同时，平凉长期处于中原与西域的交会地带，是定居民族与游牧民族的界限，也是古丝绸之路的重要通道。因此，其军事战略地位显著，历来为兵家必争之地。历代统治者对平凉的军事位置尤为重视，军队武技与军阵武艺的兴盛推动了民间武艺和崆峒武术的发展。兵家与崆峒武术紧密相连，二者均以技击为核心，这也是平凉尚武文化形成的重要原因。

崆峒武术是多元民族文化交流融合的产物。平凉为多民族聚居地，崆峒武术以汉族武术文化为主体，同时吸纳了各少数民族的武术文化精髓。

佛、道、儒三教的并存，丰富了崆峒武术的内涵，推动了其发展。崆峒山独特地融合了儒、道、佛三教文化，这种文化交融促进了武术与宗教哲学的结合。虽然儒家、道家、佛家的武学理念各异，但共同形成了崆峒武术文武并重、内外兼修的特色，既有静、缓中的强大内劲，又注重形体动作的多样变化，展现了其独特的魅力。

武举制度的实施，促进了民间习武热潮，催生了众多武术宗师，为崆峒武术的发展注入了活力。中华人民共和国成立后，平凉武术进入快速发展阶段，群众性武术活动蓬勃兴起。改革开放以来，武术协会相继恢复，武术活动频繁开展，平凉武术选手在国内外比赛中屡获佳绩，崆峒武术的影响力不断扩大。2014年，崆峒区荣获全国"武术之乡"称号，随着交流与宣传的增多，崆峒武术已享誉海内外。

> ➡ **小思考**
>
> 崆峒武术，作为中国五大武术流派之一，在数千年的发展过程中，受到了各种文化与哲学思想的影响，使得其不仅仅是一套拳脚功夫，更蕴含了深厚的文化底蕴。那么，崆峒武术究竟受到了哪些"神秘力量"的熏陶呢？并请展开说明。
>
> A.道教　　　　B.佛教　　　　C.儒学　　　　D.全都有

图 10-2　崆峒派武术

二、崆峒派武术简介

崆峒派武术（见图 10-2），作为中国传统武术流派之一，源自崆峒山，融合道教文化精髓，与少林、武当、峨眉、昆仑齐名。唐代时期，崆峒派开始兴盛，由飞虹子创立，并吸收瓜州

（今敦煌）舞蹈元素，形成独特的武术体系。历代掌派传承有序，武术手法、套路及技击技巧集各家之长，强调实战与健身双重功效。其拳术以柔美见长，身法、步法和手法多呈现弧线和曲线，进攻时动静结合，刚柔并济，动作流畅，器械轻巧。崆峒派武术代表拳术有先天罗汉十八手、崆峒太极拳、崆峒福拳和文武醉八仙。代表器械有扇子、拂尘、铁耙、双钩等（见图10-3）。

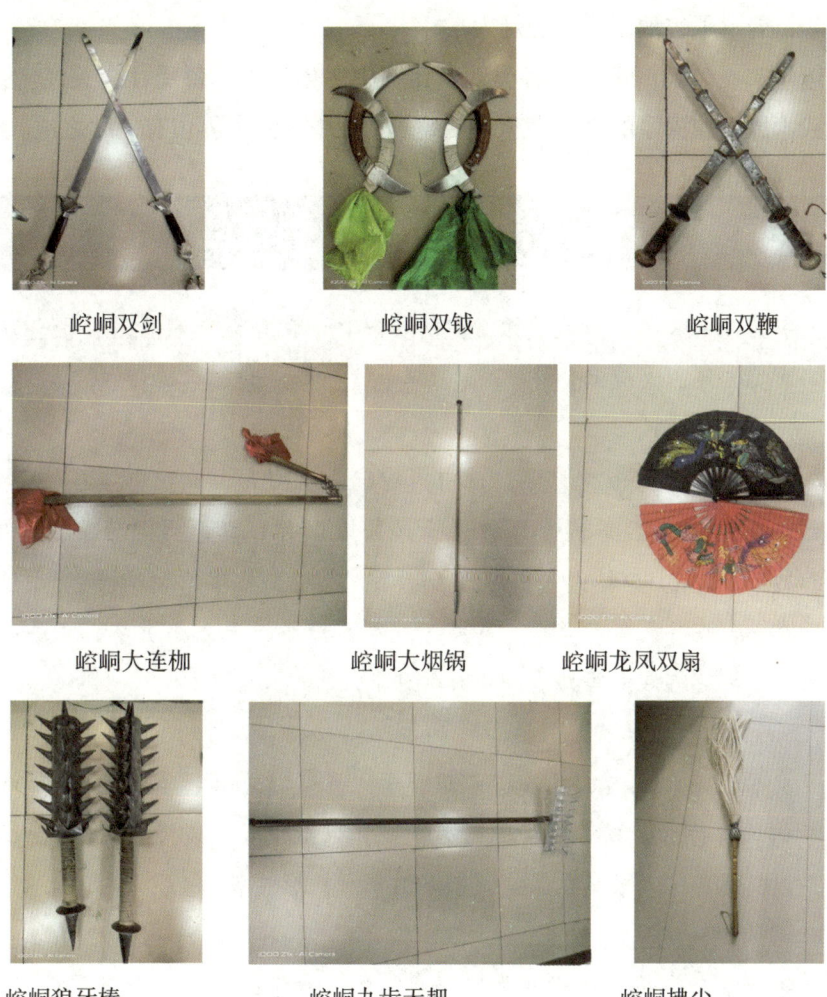

崆峒双剑　　　　　　崆峒双铖　　　　　　崆峒双鞭

崆峒大连枷　　　　　崆峒大烟锅　　　　　崆峒龙凤双扇

崆峒狼牙棒　　　　　崆峒九齿天耙　　　　崆峒拂尘

图10-3　崆峒派武术代表器械

崆峒派武术涵盖八大门类，按级别分为：飞龙门、追魂门、夺命门、醉门、神拳门、花架门、奇兵门和玄空门（太极门），各具特色。

燕飞霞（王进）作为崆峒派的重要传承人，在国内外享有盛誉。他不仅在国内外武术大赛中屡获殊荣，还积极传授武术，特别是在日本，为崆峒派武术的推广做出了巨大贡献。他与夫人花舞影（甲斐睦子）曾应邀回到崆峒山讲学，展示了崆峒派武术的魅力。

近年来，崆峒派弟子在各类武术比赛中屡创佳绩，备受社会关注。其独特的武术风格和深厚的文化底蕴，使崆峒派在中国武术界占有一席之地。

知识拓展

中国传统武术的五大流派分别为少林派、武当派、峨眉派、昆仑派、崆峒派。其他四大流派简介：

（一）少林派

发源于河南嵩山少林寺，是中国传统武术的五大流派中体系最庞大的门派，武功套路高达七百种以上，又因以神入武，习武修禅，又有"武术禅"之称。少林武术内容极为丰富，其中少林拳的精华被称为"少林五拳"，系指龙拳、虎拳、豹拳、蛇拳和鹤拳，分为小洪拳、大洪拳、罗汉拳、梅花桩炮捶等几十种少林拳法。

（二）武当派

发源于湖北境内的武当山，起源于元末明初，盛行于明末清初。武当拳的风格特点是以静制动，以柔克刚，以短见长，以慢击快，以意运空，以气运身。太极拳是武当派著名的拳种，影响极大。

（三）峨眉派

峨眉派与少林、武当共为中土武功的三大宗，也是一个范围很广泛的门派，尤其在西南一带很有势力。峨眉拳集众家之长，形成了独特的技法与风格。它的主要技击特点是动作小，变化大，以柔克刚，借力打力，以静制动和以动制静并用，攻防时多顺势前钻，借力反击，以快取胜。

（四）昆仑派

据传，昆仑派源于周朝武王时期。鸿钧一道传三友：即老子、元始、通天。老子、元始为昆仑派的始祖。昆仑派远处西域，很少履及中原，创派祖师已远不可考。后来昆仑派出了个百年不遇的奇人，在中原武林闯下了赫赫威名，至此昆仑派开始闻名。

➡ **小思考**

崆峒派武术的第一代掌派人是？（　　）

A. 飞绥子　　　B. 飞虹子　　　C. 云离子　　　D. 飞云子

※ **小实践**

观看崆峒武术的教学视频或现场表演，尝试模仿其中的几个动作，并记录下来你的感受。

三、崆峒地区其他武术门类

崆峒地区武术流派丰富多样，枝繁叶茂。在当前的行政区域（包括六县一区）内，有诸多拳种与流派得以有序传承，脉络清晰。其中包括源自崆峒山的道教武术、佛教武术，还有近现代传入的九拳、心意拳、六合拳、太极拳、四门拳、查拳、花拳和红拳等。

谈及道教武术，崆峒山作为中华文明的发祥地之一，更是道教文化的摇篮。深厚的道教文化为崆峒武术的孕育与发展提供了沃土。在崆峒山道教中，习武道人所习练的拳械套路丰富多彩，如黑虎拳、白虎拳、护山棍、神枪棍、

春秋刀、净铲、拂尘、黑虎出洞鞭杆、拦面叟、铁扇子、绳镖、流星锤、双剑等。而在练功方面，他们主要侧重于浑元桩功与吐纳心法的修炼。

佛教武术伴随着佛教在崆峒的传入而逐渐发展，其历史可追溯至汉魏时期，隋唐时兴盛，宋明时期更是威名远扬。如今，在崆峒山的佛教寺庙中，习武的僧人们所练习的拳械套路丰富多样，包括金龙掌、抹眉掌、九连环、张天游月棍、行者棍、连环枪、拂尘剑、四门鞭杆、金龙刀、月牙铲、地趟鞭杆、铁门扭丝棒等，同时他们也注重内功心法的修炼。这些武术套路与心法共同构成了崆峒山佛教武术的独特体系。

九拳，其命名寓意深远，取"九"为极数，意味着拳法涵盖了虚实奇正的所有变化，蕴含了惊闪巧取的精妙技法。此拳法注重技击与实用性，故得名九拳。其拳架结构严谨，动作朴实无华，恪守法度，变化不离其宗。招式虚实结合，一式可生多变，且分左右两式，重复练习。行步云手和跷法是其特色，手法包括撑、斩、揭、捅、劈、扯、提等，以闪展进击为主，腿法则有踩腿、蹬腿、裙拦腿、十字腿、旋风腿、摆莲腿等多种。

心意拳，亦称"六合拳"，全称"心意六合拳"。其命名理念源于"心之发动曰意，意之所向为拳"，因此得名心意拳。据武术史料记载，心意拳由明末清初山西蒲州的姬际可所创。此拳法动作简练明快，阳刚矫健，动作往返间一气呵成。心意拳以十大形（龙、虎、猴、马、鸡、燕、蛇、鹞、鹰、熊）作为基本拳法，侧身弓箭步为其基础拳架，而"丹田功"则是其内在的基本功夫。此外，鸡腿桩、鹰桩、熊桩也构成了心意拳的基本桩功。

六合拳得名于其独特的拳理，该拳法将阴、阳、动、静、起、落六要素相融合，同时强调手、眼、身、精、气、神六方面的协调统一，合称"六合"。六合拳展现出舒展俊秀的拳架和紧凑的动作，其风格精悍，拳击八方，动静分明，虚实有度，且刚柔并济。在技法上，六合拳注重桩、腰、腿、掌、气五功的修炼，手法连贯，步法多变。主要手型包括拳、掌、勾，步型则有弓、马、虚、扑、歇、提、落等多种。其拳法以劈、砸、掼、冲、打为主，腿法则有弹、踢、蹬、踩、奔、踹等技巧。

太极拳作为中国武术的瑰宝，深受传统文化的影响。其名称源于《周易·系辞》中的"太极"概念，寓意着天地、阴阳、昼夜等自然界的对立统一与相互转换。太极拳便是以这一哲学思想为基础创编而成的拳术。在平凉地区，多种太极拳套路广为流行，如陈氏太极拳一路小架、二路炮捶、杨式太极拳，以及陈氏五十六太极拳、二十四式太极拳、四十二式太极拳、四十八式太极拳、八十八式太极拳、燕式太极拳、孙式太极拳和吴式太极拳等。这些太极拳套路各具特色，既体现了太极拳的共性，又展现了各自的独特风格。

四门拳是崆峒武术的代表性拳种，其命名有两种说法：一是因为其行拳走架时步走四方、拳打四门；二是因为此拳融合了四位名拳师的技艺精华。四门拳的手法多样，包括抓、拿、缠、打、冲、劈、捋、砸等；腿法则有踢、弹、蹬、点、撩、踩、勾、摆等；步眼之法包含大截步、六合步、斗底步、风卷荷叶步、四门边踩步等；身法则融合了闪、展、腾、挪、抑、扬、顿、挫等多种动作，伸展时如龙，屈曲时如猿。

红拳起源于清代，其命名虽无确切文献可考，但据传是取其势工行美、繁华藻立之意。红拳以功法见长，擅长技击，非常实用，且流传广泛。它以中国古代阴阳学说为理论基础，以十大盘功为基本功法，以八法为拳械技击的核心。红拳的特点在于拳势工美，身步灵活，节奏鲜明，招法巧妙，劲道内刚外柔，特别突出一个"巧"字。

花拳是中华武术中备受推崇的传统拳种之一。在平凉地区流传的花拳，属于陕西花拳的一个分支。花拳的动作舒展而大方，姿势雄浑而秀美，既强调实用性也注重体态的优雅。在技击方面，花拳以撑斩为基础，钩挂为能，巧腿为法，同时也融入了抓拿等多种技巧。劲道上，花拳分为刚劲和绵劲两种，刚劲注重寸力的发挥，而绵劲则强调柔软流畅。花拳的套路动作古朴无华，结构严谨，通常包含6至8趟，招式对称，动静分明。在练习花拳时，特别强调先活身，而活身主要以桩功和盘柔功为主。

查拳同样是中华武术中优秀的传统拳种。平凉地区流传的查拳，其传承脉络清晰，风格特点鲜明。查拳的动作紧凑有力，动作迅速且稳健有力，整

体态势整齐而力量顺畅。在技击方面,查拳注重招法、速度和劲力的配合。攻防转换中,以缩、小、绵、软、巧、错、速、硬、脆、滑这十字要领为指导。手法包括冲、劈、撩、盖、插、挑、搂、砍等多种技巧;身法则有闪、转、折、翻、冲、撞、顶、靠等动作;步法涉及进、退、插、转、行等多种变化;腿法则有弹、踢、点、蹬、踹等技法;眼法则要求凝、望、注、定、随等眼神变化。

> **➡ 小思考**
>
> 1. 在神秘的崆峒仙境中,众多武林绝学如繁星点点,熠熠生辉。倘若你是一位武术爱好者,那么,在这片古老而神奇的土地上,你会对哪一种武林秘籍心动不已呢?将以下武术动作与它们的特点相连,并在图片下方标上武术门类。
>
> A. 道教武术　　1. 以柔美见长,器械轻巧,涵盖八大门类
>
> B. 佛教武术　　2. 招式与心法相辅相成,注重内功心法的修炼
>
> C. 崆峒派　　　3. 动作缓慢、连绵不断,强调阴阳平衡
>
> D. 九拳　　　　4. 多呈现弧线和曲线,注重身心修炼的平衡
>
> E. 太极拳　　　5. 寓意"九"为极数,招式虚实结合
>
> F. 心意拳　　　6. 起源于清代,动作工美,特别突出一个"巧"字
>
> G. 花拳　　　　7. 动作紧凑有力,注重招法、速度和劲力的配合
>
> H. 红拳　　　　8. 强调心之所向为拳,动作简练明快
>
>
>
> 图 10-4　武术招式示意

2. 学习你心仪的武术门类的基本动作吧，一起踏上这段趣味盎然的武术探索之旅！

➡ **小练习**

1. 崆峒派武术的一个显著特点是 ＿＿＿＿＿＿？

2. 绘制崆峒武术海报：请为崆峒武术设计一幅宣传海报，海报上应包含崆峒武术的元素（如武器、动作、人物等），并配上简短的宣传语。

3. 对比中国传统武术的五大主要流派的特点和风格（少林派、武当派、昆仑派、崆峒派、峨眉派）。

4. 崆峒派武术除了强身健体，还强调哪些精神品质？请说出几点。

5. 谈一谈崆峒武术如何在现代社会中传承和发展？请提出至少两点建议。

6. 经过本章节的学习，你有哪些收获与感想，请写一篇500字左右的感想。

第十一讲　绿意轻旅　低碳出行

导读

　　位于甘肃平凉的崆峒山,作为中国重要的自然景观和文化遗产,是国家首批 AAAAA 级旅游景区、国家级风景名胜区、国家地质公园、国家级自然保护区,地理位置独特,是黄土高原上的一颗璀璨明珠。景区多年来践行着一条"生态优先、节约集约、绿色低碳"的发展之路,更以其独特的生态系统和绿色发展的实践,成为学生们学习绿色低碳知识的绝佳课堂。带领学生们了解绿色出行的理念,探讨绿色低碳的生活方式,深刻理解绿色低碳的重要性,并在日常生活中积极践行。倡导学生们为保护地球、实现可持续发展贡献自己的力量!

课程活动范围

- 中台

课程目标

- 学习低碳旅游和绿色旅游的概念及重要性。
- 了解崆峒山在低碳旅游方面做出了哪些贡献。
- 让学生初步了解"碳达峰""碳中和"的概念。
- 培养学生环保意识,学习如何在旅游中实践低碳和绿色行为。

准备材料

- 白色帆布包
- 丙烯马克笔
- 笔和本
- 手机或相机

一、绿色旅游从垃圾分类开始

秉承习近平总书记提出的"人与自然和谐共生,共谋绿色发展之路"的理念,绿色旅游逐步成为现代旅游的新趋势,它让我们在欣赏自然美景的同时,也倡导环保和可持续发展的理念。而在绿色旅游中,垃圾分类又是一项至关重要的环保行动。

垃圾主要可以分为四大类:可回收垃圾、厨余垃圾、有害垃圾和其他垃圾(见图11-1)。

图 11-1 分类垃圾桶示意图

可回收垃圾主要包括废纸、塑料瓶、金属、玻璃等。这些垃圾经过回收处理后,可以重新变成资源,减少对环境的破坏。比如,废纸经过破碎、清洁和再制浆后,可以再次变成纸张;塑料瓶则可以经过清洗、破碎、熔融等步骤,重新制成新的塑料制品。

厨余垃圾主要指的是日常生活中产生的食物残渣、剩菜剩饭等。这些垃

圾含有丰富的有机物质，如果直接丢弃会造成资源的浪费。通过堆肥或厌氧消化等处理方式，厨余垃圾可以转化为有机肥料，用于农田的施肥，实现资源的循环利用。

有害垃圾则是指那些对人体健康或自然环境造成直接或潜在危害的垃圾，如废电池、废灯管、废药品等。这些垃圾需要特殊的处理方式来避免对环境和人体造成伤害。一般来说，有害垃圾会被运送到专业的处理厂，进行无害化处理。

其他垃圾则是指除了以上三类垃圾之外的其他垃圾，如陶瓷碎片、烟蒂、一次性餐具等。这些垃圾通常没有回收价值，但也需要进行妥善处理，以减少对环境的污染。

通过垃圾分类，我们不仅可以减少垃圾对环境的污染，还可以促进资源的循环利用，实现可持续发展。倡导游客人人争当绿色使者和生态先锋，为建设美丽中国增绿添色。

> ➡ **小思考**
>
> 垃圾分类是倡导绿色低碳旅游的重要一环，假如你在游览崆峒山的过程中，发现了一根山羊的棒骨和鸡的骨头，你要把它们投到哪一类的垃圾箱里面呢？请连线。
>
> 　　　　　　　　山羊的棒骨　　　　　　　鸡的骨头
>
> 有害垃圾　　　可回收垃圾　　　厨余垃圾　　　其他垃圾

二、崆峒山低碳旅游的实践

崆峒山古建筑群在古代建造过程中，充分展现了古人就地取材、低碳建造的智慧。崆峒山的古建筑群大量采用了当地的山石作为建筑的主要材料。这些山石不仅质地坚硬、耐久性强，而且与崆峒山的自然环境相得益彰，体现了人与自然的和谐共生。特别是石板路的铺设，几乎全部采用了本地开采的石材，既减少了运输成本，又降低了对环境的破坏。不仅体现了古人的智慧和匠心，也为现代社会的可持续发展提供了有益的借鉴。

在崆峒山朝天门前路的两侧，静默伫立着两排形态各异的石雕山羊，它们昂首挺胸，如同身负重任的勇士，背负着沉甸甸的历史与传说。相传当年崆峒山古建筑群初建之时，由于崆峒山山势陡峭，便利用附近的山羊将所需的建筑材料运送上山，它们踏着崎岖的山路，驮着沉重的建筑材料。当你靠近这些石雕山羊，仿佛能听见它们沉重的呼吸声，感受到它们坚韧不屈的毅力。

崆峒山景区在新时代旅游发展的浪潮中，以古为鉴，汲取先人们"天人合一"的哲学思想，坚定地走上了绿色低碳发展的道路。在旅游开发过程中，坚持生态优先、保护第一的原则，力求实现经济效益与生态效益的双赢。

崆峒山景区采取了一系列措施，充分考虑生态环境的承载能力，注重与周边环境的协调，避免过度开发和破坏；建立自然保护区，限制游客活动范围，减少对野生动植物的干扰；实施植树造林和水土保持项目，确保山体的稳定和水源的清洁；节能减排，降低碳排放，在照明系统方面，采用节能灯具和智能控制系统，降低电能消耗。此外，景区还加强了对游客的宣传教育，倡导低碳环保的旅游方式；推广绿色旅游产品，旅游文创产品开发上，注重绿色环保和可持续性，推出的旅游产品不仅具有地方特色和文化内涵，还符合绿色低碳的发展要求，开发了带有崆峒山特色的帆布环保包等。

➡ **小思考**

在崆峒山旅游时，我们怎么样才能节约用电呢？比如晚上住宿时，我们可以做些什么来省电？

※ 小实践

以崆峒山绿色低碳旅游为主题，使用丙烯画笔在白色帆布包上画出一幅画作，成为独一无二的一件文创帆布包。

知识拓展——"碳达峰"与"碳中和"

当我们说到"碳达峰"，其实是在描述一个国家或地区二氧化碳排放量的一个特殊时刻。想象一下，如果你每天都在吃糖果，但有一天你决定要少吃一些，那么你每天吃糖果的数量就会达到一个最高点，然后就开始慢慢变少，碳达峰就是这个"最高点"。也就是说，在某个时间点，一个国家或地区因为各种活动（如工业生产、交通出行、能源消耗等）产生的二氧化碳排放量达到了历史最高值，之后就会开始逐渐降低。碳达峰的实现对于减缓全球气候变化具有重要意义。因为随着二氧化碳排放量的不断增加，地球的温度也在逐渐上升，这会导致极端天气事件的增多、冰川融化、海平面上升等一系列问题。而碳达峰的实现，就标志着我们开始转向更加低碳、环保的生产和生活方式，这对于保护我们共同的地球家园至关重要。

"碳中和"听起来就像是一种"平衡"的状态。想象一下，你吃了一些糖果，但是你又吃了一些可以帮助你消化这些糖果的健康食物，这样你的身体就不会因为吃糖果而变胖了。碳中和也是这样的概念，它指的是一个国家或地区在一段时间内，通过植树造林、节能减排、使用清洁能源等方式，使得其排放的二氧化碳被完全吸收或中和，从而实现二氧化碳的"零排放"。碳中和的意义在于，它可以帮助我们实现真正的可持续发展。通过减少二氧化碳的排放和增加对二氧化碳的吸收，我们可以有效地减缓全球气候变化的影响。同时，碳中和也鼓励我们更加关注环保和可持续发展的问题，推动我们采用更加环保、低碳的生产和生活方式。这不仅对于我们个人的健康和生活质量有好处，更对于整个地球生态系统的稳定和发展具有重要意义。

➡ 小练习

1. 众所周知，不同的交通工具碳排放量也不尽相同，请你为下列交通工具的碳排放量由多到少进行排序。

摩托车、游轮、公交车、自行车、飞机、汽油车

2. 开动你富有想象力的脑筋，为崆峒山的低碳旅游设计一个环保标语，要求简洁明了，富有创意。

3. 在整个研学旅行的过程中，你实践了哪些低碳行为，按照表格可获取相应的"碳币"，研学课程结束的时候可在"循环超市"兑换崆峒山的纪念品。

绿色低碳行为	兑换"碳币"
光盘行动，吃多少取多少	2
垃圾分类，将可回收的垃圾进行分类投放	2
节约用水，不浪费水资源	1
节约用电，离开房间随手关灯	1
自带杯，使用自带杯喝水，减少一次性杯子使用	2
环保减塑，减少使用塑料袋，多用布袋	1

4. 请站在游客的角度，从地质、古建筑、动植物、民俗文化等角度选择一个方向，指出崆峒山景区现在存在的问题，并提出自己关于低碳发展、绿色旅游方面的一些建议。

研学路线推荐：

1. 乘观光车到香山景区—参观地质博物馆—笄头道—皇城—上天梯—中台—乘观光车到弹筝湖研学基地

2. 乘观光车到中台—南台—东台—北台—乘观光车到弹筝湖研学基地

第二部分 02
研学旅行指导师版

第一讲　研学基地规划与实施指南
第二讲　崆峒山地理类研学课程
第三讲　崆峒山天文类研学课程
第四讲　崆峒山自然类研学课程
第五讲　崆峒山历史类研学课程
第六讲　崆峒山人文类研学课程
第七讲　崆峒山国学类研学课程
第八讲　崆峒山文化类研学课程
第九讲　崆峒山红色类研学课程
第十讲　崆峒山体验类研学课程
第十一讲　崆峒山身心健康类研学课程
第十二讲　崆峒山研学旅行路线及内容建议
第十三讲　研学总结

第一讲　研学基地规划与实施指南

一、研学基地简介

弹筝湖研学基地位于崆峒山脚下的弹筝湖公园内,是一个集自然科学探索、历史文化感悟、红色精神传承、地质科普实践、非遗技艺体验、身心健康拓展于一体的综合性研学基地。弹筝湖研学基地是崆峒山景区的一个配套功能区。它依托着崆峒山景区丰富的自然与人文资源,设置了一系列富有教育意义和趣味性的研学旅行课程。

二、研学基地布局方案

崆峒山弹筝湖研学基地占地面积约 287 亩,距离崆峒山较近,自然环境优美、文化底蕴深厚,便于学生室内学习和户外活动。

通过科学规划、合理布局和精心设计,为学生提供一个优质、安全、舒适的学习环境。同时,注重与当地资源和文化的融合,打造一座具有地方特色的研学基地。

研学基地划分为教学区、实践区、活动区、生活区四个主要区域。各区域之间既相互独立又紧密联系,形成一个完整的教育生态系统。基地景观设计遵循自然、和谐、美观的原则,注重绿化、美化工作,营造舒适宜人的学习环境。

（1）教学区

中心广场北侧建筑 3 间为研学教室、实验标本室等设施，用于进行知识传授和理论学习。

（2）实践区

公园北侧空地为各类实践场所，萌宠乐园、亲子农场、天文观测基地、"重走长征路"红色拓展区域等，供学生进行实地参观、动手实践、科学探究和体能拓展。

（3）活动区

中心广场为主要户外活动场地，供学生集合、课间活动、练武等集中活动。

（4）生活区

公园入口综合楼 2 楼 13 间为研学宿舍，满足学生基本生活需求，同时营造温馨舒适的集体生活环境。

三、十大研学主题

本篇章以崆峒山的自然风光、历史人文资源和弹筝湖研学基地的各类拓展类资源为依据，策划地理类、天文类、自然类、历史类、人文类、国学类、文化类、红色类、体验类及身心健康类十大主题的研学课程内容，形成一个完整的研学课程体系。每个主题都设计了相应的研学活动和任务，旨在引导学生全面了解崆峒山的自然与人文资源。

崆峒山地理类研学课程——解密山语·探索崆峒

崆峒山天文类研学课程——仰望星空·天文寻梦

崆峒山自然类研学课程——真灵萃此·解锁奥秘

崆峒山历史类研学课程——聚焦历史·拜谒胜道

崆峒山人文类研学课程——非遗遗韵·感悟风华

崆峒山国学类研学课程——徜徉国学·诗韵千古

崆峒山文化类研学课程——武术崆峒·领略文化

崆峒山红色类研学课程——红色平凉·传承精神

崆峒山体验类研学课程——多彩崆峒·接触自然

崆峒山身心健康类研学课程——自然疗愈·身心成长

四、研学旅行课程的内涵及设计原则

（一）研学旅行课程的内涵

研学旅行课程，其核心在于通过设计一系列由指导师引导、启迪，学生亲自了解、观察、体验或参与的活动和项目，来确保研学旅行活动顺利进行。这些活动都有一个明确的目的地，学生在目的地会停留一段时间，进行各种形式的参观、体验和学习。无论是参观博物馆、实地考察还是亲身体验所在地的文化、地理、环境、历史，这些活动都是研学旅行课程的重要组成部分。

研学旅行课程不是单纯的地点或活动方式，而是活动对象与活动方式的完美结合。没有活动对象，如博物馆展品或自然景观，课程就失去了依托；而没有有效的活动方式，如观察、考察或探究，学生就难以深入了解和体验。因此，研学旅行课程强调的是二者的统一，即学生要在特定的活动对象中，通过特定的活动方式，获得知识和体验。

总之，研学旅行课程是一种活动课程，它以学生的参与和体验为核心，通过精心设计的活动和项目，让学生在实践中学习、在体验中成长，是活动对象及对应的活动方式的统一。实践活动是研学旅行课程的存在方式，亦是其实施方式。

（二）研学旅行课程的设计原则

1. 以教育性为原则

研学旅行课程坚守"立德树人，德育为首"的核心，全方位融入德育要素于教学各环节之中。通过引领学生亲身感受崆峒山多姿的自然之美与厚重的历史文化之韵，使学生形成健全的世界观、人生观与价值观，培养社会责

任感、创新精神与实践能力。研学课程设计的重点首先明确教育目标，确保旅行过程中的每一个活动都与学生的学习和发展密切相关。在实践中，打破学科界限，将课程内容与学校的学科知识相结合，使学生在实践中充分利用课堂所学知识，推动多学科融合与主题式的学习。

2. 以启发性为原则

课程设计以启发性为原则，通过小组讨论、课题研究等方式，转变学生单一的学习方式，着重培养他们的独立探究能力，引导学生发现问题、分析问题，并在集体合作中解决问题，鼓励学生进行开放性的探索和研究，激发他们的好奇心和求知欲，全面提升他们的观察力、思考力、实践力和创新能力。这样的设计原则可以引导学生从多个角度看待问题，鼓励学生将所学知识应用于实践，培养他们的批判性思维和多元文化素养。

3. 以体验性为原则

研学旅行应注重学生的亲身体验与深刻感悟。通过实地考察、实践操作和专题讲座等丰富多彩的活动，使学生身临其境地感受崆峒山大自然的瑰丽与人文积淀的厚重。在此过程中，学生所面对的不再是课堂中的抽象知识与虚拟场景，而是现实世界中真实而具体的问题挑战。这种基于真实情境的学习，将课程知识与旅行探究紧密结合，使学生在亲身体验中收获对自然和社会的深刻认识，同时引导学生对自己的体验进行反思和总结，促进对知识的深刻理解与经验的积累，提高他们的自我认知和自我提升能力。

4. 以趣味性为原则

研学旅行课程展现出其独特的开放性，学习知识之余可以增设趣味性活动，设计富有趣味性的活动和游戏，将地方文化和特色融入课程中，让学生在轻松愉快的氛围中学习和成长，感受不同文化的魅力。同时，研学旅行注重集体旅行与团队活动，鼓励学生间的趣味互动与合作，激发他们的竞争意识和团队精神。提倡研学课程资源的共享，以及研学创意与成果的分享，这有助于提升学生的团队协作与沟通能力，实现个性与集体智慧的和谐融合。

5. 以可行性为原则

研学旅行课程要注重可行性，进行分年龄段差异化设计，即针对不同年龄段学生的认知特点和兴趣偏好，设计了各具特色的研学活动，以满足他们不同的发展需求。对于小学低年级学生，要注重直观感知和趣味体验，利用游戏、故事等富有趣味性的形式，激发学生对崆峒山的浓厚兴趣。到了小学高年级，则需要强调知识学习与实践探索的结合，通过实地考察、简单实验等活动，提升学生的综合素养和实践能力。进入初中阶段，进一步深化对崆峒山历史与文化的挖掘，通过课题研究、小组讨论等方式，培养学生的批判性思维和团队协作能力。到了高中阶段，注重跨学科整合和深度学习，通过专题研究、创新实践等途径，提升学生的研究能力和创新精神。对于幼儿园小朋友，则侧重于以亲子家庭活动的形式，旨在增进亲子关系、培养孩子们的探索精神和实践能力，同时让他们在自然环境中学习和成长。这样的设计旨在确保研学活动能够真正贴近学生的实际需求，使研学旅行可行性更强。

五、研学旅行课程目标意义

（一）促进学生全面发展

研学课程旨在让学生在自然、历史、文化等多个领域实现全面发展，通过多元化的情境体验，帮助学生拓宽视野、丰富知识，进而提升他们的自然科学素养、人文社科素养以及身心素质。这样的课程设计有助于学生在实践中学习，在体验中成长，实现个人素质的全面提升。

（二）增强跨学科整合能力

研学课程注重跨学科的学习与实践融合，旨在培养学生的跨学科整合能力，强化他们解决问题的综合能力。学生在综合的基础上进行深度分析与思考，从而获取真切的体验，掌握相关知识和技能。通过实践体验、合作探究与思考论证，学生能够将多学科知识整合起来，综合分析问题，打破头脑中

孤立知识点的局限，有效解决现实生活中的问题。这种综合性的学习方式有助于促进学生综合思维的发展。

（三）培养社会责任感与环保意识

通过实地考察与亲身体验，学生能够深刻领略崆峒山的自然之美与人文之韵，进而思考人类与自然如何和谐共生。这一过程有助于激发学生对自然与文化的敬畏之情，增强他们的社会责任感与环保意识，从而塑造出积极向上的人生态度。

（四）提升创新与实践能力

研学课程聚焦于学生的实践与创新能力培养，通过课题研究、创新实践等多样化活动，有效纠正传统教学中过于偏重理论、忽视实践，以及过度强调知识传授、轻视能力培养的倾向。这样的课程设计旨在全面激发学生的创新思维与实践能力，为他们的未来学习和生活奠定坚实的基础。

第二讲　崆峒山地理类研学课程

课程内容重点选取第一部分的第一讲。

1. 小学低年级（6~8岁）

研学主题	解密山语·探索崆峒	
研学目标	**知识目标：**了解崆峒山的基本地理特征，特别是丹霞地貌的形成原因和特点。 **能力目标：**培养学生独立生活生存的能力，培养学生学习并使用科学方法进行简单的科学探究的能力，锻炼学生遇到问题主动寻求帮助或尝试独立解决的能力。培养学生的观察能力和团队协作能力，增强对自然的探索欲望。 **情感目标：**激发学生对崆峒山自然地理资源产生浓厚的兴趣，愿意进一步探索和学习。提升学生的文化素养，增强民族自豪感和文化自信，增强对中华文化的认同感。	
研学内容	学科链接	人教版一到三年级学科：语文、科学、美术、综合
	课题研究	参考选题： 1. 崆峒山丹霞地貌探秘 2. 崆峒山岩石漫谈 出发前根据小组成员选择的研究课题，由研学旅行指导师指导细化主题，学生用图画或者文字的形式完成课题报告。
	研学拓展	开展绘画创作活动，以崆峒山丹霞地貌为主题，培养学生的审美能力和创造力。

139

续表

活动内容		详细内容
活动设计	活动一：崆峒山丹霞地貌考察	乘车带领学生们到中台区域，选择安全合适的空地，实地观察丹霞地貌的形态、色彩和纹理，研学旅行指导师讲解丹霞地貌的形成过程和特点。
	活动二：小小地质学家	在研学基地仿造一个小型丹霞地貌地质深坑，在研学旅行指导师的安全指导下，让小学生进行简单的地质考察，如收集不同颜色的土壤样本，学习使用放大镜观察岩石结构。 温馨提示：注意安全，听从研学旅行指导师指挥，不能单独行动。遵守景区规定，注意保护环境。
	活动三：自然寻宝游戏	在研学基地设计一场寻宝游戏，孩子们在研学旅行指导师的引导下，寻找特定的自然标志物，学习识别丹霞地貌特征。 温馨提示：注意秩序，听从研学旅行指导师指挥。
	活动四：彩色岩石绘画	利用彩泥或画笔，根据丹霞地貌的照片，创作自己的"丹霞岩层"艺术作品。
	活动五：手绘地图	引导学生根据记忆和观察，手绘一张崆峒山简易地图，标注自己认为重要的地点和发现，培养空间认知能力。 温馨提示：充分发挥自己的想象力。

2. 小学高年级（9~12岁）

研学主题	解密山语·探索崆峒
研学目标	**知识目标**：学生能够准确描述崆峒山的地理位置和地貌特征，深入理解崆峒山丹霞地貌的形成、特点和价值，培养对自然地理现象的兴趣和探究精神。拓宽地理视野，了解崆峒山在区域地理中的重要意义。在研学过程中，掌握基本的地理考察方法和工具使用技巧。 **能力目标**：在集体研学生活中，学生应提高生活自理能力、解决问题能力和团队协作能力。通过实践活动，学生将学会使用简单的地理观察工具（如指南针、地图等）进行实地观察，并记录观察到的地理现象。同时，运用所学知识分析崆峒山地理现象的形成原因和影响因素，提升观察与记录能力。

续表

研学目标	情感目标：学生通过对崆峒山的实地考察和学习，增强对大自然的敬畏之情，认识到人类与自然的和谐共生关系，学会珍惜自然资源，保护生态环境。培养可持续发展的意识及对未知世界的好奇心，激发探索精神和求知欲。	
研学内容	学科链接	人教版四到六年级学科：语文、科学、美术、综合
	课题研究	参考选题： 1. 崆峒山丹霞地貌的成因与演化过程研究 2. 崆峒山丹霞地貌的科学考察 3. 崆峒山岩石探究 撰写开题报告，活动出发前根据小组成员选择的研究课题，由研学旅行指导师指导完成主题细化，学生自主完成课题相关素材的收集、分类和学习。
	研学拓展	举办地质讲座：邀请地理学领域的专家举办讲座，给学生们科普更多的地质地理方面的知识。
活动设计	活动内容	详细内容
	活动一：崆峒山丹霞地貌实地考察	组织学生前往崆峒山中台区域进行实地考察，在安全合适的场地观察丹霞地貌的形态、色彩和纹理，记录相关数据，并撰写考察报告。
	活动二：崆峒山地质侦探	分组进行地质断层观察，记录岩石层特征，拍照记录，回教室尝试绘制地质剖面图。
	活动三：崆峒山生态摄影比赛	以拍摄五种色彩的生态植物为主题，用相机或手机捕捉崆峒山的自然美景和生物多样性，并将作品展示出来。 温馨提示：注意安全，听从研学旅行指导师指挥，不能单独行动。遵守景区规定，注意保护环境。
	活动四：模拟考古挖掘	在研学基地设置模拟考古遗址，使用沙子、泥土、小石子等材料模拟考古现场。准备一些模拟的"文物"，如塑料或石膏制成的古代器具、饰品等，埋藏在模拟的遗址中。准备小铲子、小刷子、手套等模拟考古工具，供小学生使用。准备记录纸和笔，供小学生记录挖掘过程和发现的"文物"。 研学旅行指导师准备关于考古学的PPT或视频资料，简要介绍考古学的基本概念、考古学家的工作内容以及考古发掘的基本步骤。 温馨提示：注意秩序，听从研学旅行指导师指挥。

续表

活动设计	活动内容	详细内容
活动设计	活动五：课题研究小组分享会	学生分组进行课题研究，并在分享会上展示研究成果，交流研究心得。
	活动六：研学成果展示	组织学生进行研学成果展示，包括绘画、摄影作品、考察报告等，展示他们在研学过程中的收获和成长。 温馨提示：积极交流分享，注意纪律。

3. 初中阶段（13~15岁）

研学主题		解密山语·探索崆峒
研学目标		知识目标：学生能够了解崆峒山的地质构造，包括其形成的主要地质过程（如地壳运动、风化、侵蚀等），激发学生对自然地理现象的兴趣和探究欲望。培养科学素养，深入理解丹霞地貌的形成原理、分类体系及环境保护策略。同时掌握基本的地理调查方法、工具使用及数据记录技巧。 能力目标：学生能够参与实地调查、采样等实践活动，学习并掌握基本的地理调查方法。提升初步的科研探索能力，提升数据收集、分析及科学报告撰写技能。学生能够在研学活动中，与同伴进行良好的沟通和协作，共同完成研学任务。 情感目标：通过对崆峒山的研学活动，欣赏独特的丹霞地貌，激发学生对地理学科的兴趣和热情以及对祖国大好河山的热爱之情，同时引导学生认识到保护生态环境的重要性，并树立可持续发展的观念，增强学生的社会责任感。
研学内容	学科链接	人教版初中学科：语文、历史、地理、美术、综合
	课题研究	参考选题： 1. 崆峒山丹霞地貌特征分析 2. 崆峒山丹霞地貌的成因、演化及其对当地生态环境的影响研究 3. 崆峒山地理文化资源开发与保护策略研究 撰写开题报告，出发前根据小组成员选择的研究课题，由研学旅行指导师指导细化主题，学生自主完成课题相关素材的收集、分类和学习。
	研学拓展	组织举办崆峒山地理地质文化主题的科学论文竞赛，并邀请专业研学旅行指导师或专家指导学生撰写科学研究论文，为学术交流打下基础。

续表

	活动内容	详细内容
活动设计	活动一：崆峒山丹霞地貌实地考察与记录	组织学生徒步登山，进行实地考察，观察丹霞地貌的形态、色彩和纹理，记录相关数据，并撰写考察报告。 温馨提示：注意安全，听从研学旅行指导师指挥，不能单独行动。遵守景区规定，注意保护环境。
	活动二：课题研究小组讨论与分享	学生分组进行课题研究，召开小组讨论会，分享研究进展和心得，并在研学结束前进行成果展示。
	活动三：崆峒山地理文化知识竞赛	围绕崆峒山的地理文化资源，组织学生进行地理文化知识竞赛，锻炼思维能力。 地理问题示例： 1.问题：崆峒山位于我国哪个省份的哪个市？它属于哪座山脉的支脉？ 答案：崆峒山位于甘肃省平凉市，是六盘山的支脉。 2.问题：崆峒山的主要地质特色是什么？这些特色是如何形成的？ 答案：崆峒山以丹霞地貌为主，这些地貌主要由紫红色砾岩经过长期的风雨侵蚀和流水切割形成。区内还发现了三叶虫、笔石等古生物化石，显示了其丰富的地质历史。
	活动四：课题研究报告展示	学生需准备 PPT，清晰、有条理地展示课题研究成果，并分享研究过程中的心得和体会。
	活动五：崆峒山特色文化产品设计与制作	鼓励学生结合崆峒山的地质文化特色，设计并制作具有创意和实用性的文化产品，如纪念品、宣传册等，并鼓励团队合作，共同完成任务。 温馨提示：注意秩序，保持讨论秩序，积极运用所学知识参与讨论，并认真听取研学旅行指导师的指导。

4. 高中阶段（16~18岁）

研学主题		解密山语·探索崆峒
研学目标		**知识目标**：通过实地考察和资料学习，让学生深入了解崆峒山的自然地理特征，理解其形成原因和地质背景，以及崆峒山在地质学上的重要地位。探讨崆峒山在区域生态系统、经济发展、文化传承等方面的作用，掌握丹霞地貌的形成机制、演变历程及保护措施，加深学生对地理环境的整体认识。 **能力目标**：通过实地考察，培养学生的地理观察能力，学习如何运用地理知识分析自然现象和人文景观。在研学过程中，学生需要分组进行实地考察、数据收集和分析，培养学生的实践能力和团队合作能力。面对复杂的地理现象和问题，引导学生独立思考，提出解决方案，并付诸实践。 **情感目标**：通过户外活动，让学生暂时摆脱繁重的学业压力，放松心情，感受大自然的魅力。通过了解崆峒山在区域地理中的地位和作用，引导学生关注更广阔的地域空间，培养全球视野和开放包容的心态。
研学内容	学科链接	人教版高中学科：语文、历史、地理
	课题研究	参考选题： 1. 崆峒山丹霞地貌的成因与演化研究 2. 丹霞地貌演变模型构建 3. 崆峒山地理文化资源开发与保护策略研究 撰写开题报告，出发前根据小组成员选择的研究课题，由研学旅行指导师指导细化主题，学生自主完成课题相关素材的收集、分类和学习。
	研学拓展	跨文化对话论坛：邀请国内外学者、学生进行线上对话，探讨不同文化背景下的自然地理遗产保护。
活动设计	活动内容	详细内容
	活动一：丹霞地貌实地考察与研学	组织学生徒步穿越丹霞地貌区域，观察并记录地貌特征。邀请地质老师讲解丹霞地貌的形成与演化，解答学生疑问。学生分组进行地貌测量与数据分析，培养科学分析能力。 **温馨提示**：注意安全，听从研学旅行指导师指挥，不能单独行动。遵守景区规定，注意保护环境。

续表

活动内容		详细内容
活动设计	活动二：地质考察与岩石样本分析	在研学基地地质考察深坑采集各类岩石样本进行实验室分析，使用地质放大镜和手电筒观察岩石的颜色、结构、纹理、矿物组成等特征，根据观察结果，初步判断岩石属于哪一类（岩浆岩、沉积岩、变质岩）。使用小刀或铜钥匙刻画岩石表面，通过刻痕的深浅初步判断岩石的硬度。使用光学显微镜观察岩石切片的微观结构，辨认不同的矿物质，详细记录岩石样本的外观特征、硬度和微观结构，撰写简单的地质考察报告。 *温馨提示：注意秩序，听从研学旅行指导师指挥，遵守实验室安全规定，确保样本的完整性和准确性。*
	活动三：崆峒山地质文化专题研讨会	学生分组选择崆峒山的地质文化专题（如丹霞文化、岩石构造等）进行深入研究。 收集相关资料，撰写专题研究报告。 举办研讨会，各小组汇报研究成果，并进行讨论与交流。
	活动四：崆峒山地理文化资源保护规划设计	学生分组对崆峒山的地理文化资源进行现状调查与评估。结合所学知识，提出针对性的保护规划建议。设计具体的保护措施与实施方案，如设置保护标识、开展宣传教育等。 *温馨提示：充分发挥每个学生的特长，注意学生在活动中的参与度。*
	活动五：模拟联合国文化遗产保护会议	模拟联合国教科文组织会议，就全球丹霞地貌保护议题进行模拟辩论，提升国际事务参与能力。参考议题："全球丹霞地貌的识别、评估与保护策略""丹霞地貌旅游开发与保护的平衡"等。 *温馨提示：积极发言，注意纪律。*
	活动六：崆峒山研学成果汇报与创意展示会	学生将研学过程中的所见所闻、所思所感进行整理与总结。鼓励学生以多种形式展示研学成果，如PPT汇报、短视频、手工艺品等。邀请家长、研学旅行指导师及社会各界人士参加展示会，共同见证学生的成长与收获。 *温馨提示：注意秩序，听从研学旅行指导师指挥。*

5. 亲子家庭（3~5 岁小朋友的亲子家庭）

研学主题	解密山语·探索崆峒	
研学目标	通过实地观察和学习，使幼儿对崆峒山的地理位置、地形地貌有初步的认识，给幼儿上一堂有趣的地理启蒙课。通过观察岩石、土壤等地质特征，激发幼儿对自然界的好奇心和探索欲。通过亲子共学的方式，增强家长与孩子之间的情感联系。	
活动设计	活动内容	详细内容
	活动一：山地徒步	乘车前往中台，选择适合幼儿徒步的平缓路段徒步观光，沿途在平稳安全的场地进行地质观察。家长协助幼儿用放大镜仔细观察岩石、土壤特征。 温馨提示：确保活动过程中孩子们的安全，家长需看护好自己的孩子。遵守景区规定，注意保护环境。
	活动二：手绘丹霞	丹霞地貌以其独特的色彩而闻名，提供画板和颜料，让孩子们创作一幅丹霞风景图，家长引导孩子用画笔展现所看到的地质色彩，培养他们的艺术创造力。
	活动三：地质探索	请研学旅行指导师准备好放大镜、塑料地质锤、不同种类的小型岩石样本。引导幼儿用地质锤轻轻敲击岩石感受其硬度，家长协助幼儿进行岩石分类。研学旅行指导师简单讲解不同种类岩石的形成原因。 温馨提示：听从研学旅行指导师指挥，注意秩序，积极参与活动。

第三讲　崆峒山天文类研学课程

课程内容重点选取第一部分的第三讲。

1. 小学低年级（6~8 岁）

研学主题	仰望星空·天文寻梦	
研学目标	**知识目标：**了解基本的天文知识，如星座、行星、太阳和月亮。掌握简易天文观测设备的使用方法。认识崆峒山及弹筝湖的自然环境对天文观测的影响。 **能力目标：**培养学生在集体研学生活中的自理能力，培养学生观察、分析和记录天文现象的能力。提升学生团队合作与沟通能力。锻炼学生的实践操作能力。 **情感目标：**激发学生对天文科学的兴趣与好奇心。培养学生探索未知世界的勇气和毅力。增进学生对自然与宇宙的敬畏之心。	
研学内容	学科链接	人教版一到三年级学科：语文、数学、科学、美术、综合
	课题研究	参考选题： 1. 崆峒地区星空观测记录与分析 2. 简易天文望远镜的制作与调试 3. 太阳黑子观测记录 出发前根据小组成员选择的研究课题，由研学旅行指导师指导细化主题，学生用图画或者文字的形式完成课题报告。
	研学拓展	参观当地的天文馆或科技馆，加深对天文科学的理解。

续表

	活动内容	详细内容
活动设计	活动一：初识星空	在弹筝湖研学基地，在天气适宜的情况下选择合适空旷的地方，晚上可以在研学旅行指导师的带领下进行观星活动，研学旅行指导师介绍星空基础知识，认识常见星座。通过互动问答的形式检验学生的知识掌握情况。
	活动二：望远镜之旅，日间观测太阳黑子	在专业天文老师的全程指导下，学习入门级折射望远镜或折反射望远镜的使用方法。观测太阳时必须严格遵守安全规范，采取严格的减光措施，为望远镜配备专业的太阳滤镜（如巴德膜），以大幅降低进入望远镜的光线强度，防止对眼睛造成伤害。学生不得直接用肉眼或通过未安装滤镜的望远镜观察太阳。 观测过程中，学生需认真记录太阳黑子的形态、位置等特征，并记录观测的时间、天气条件等。通过观测和记录，加深学生对太阳黑子这一天文现象的理解。 *温馨提示：注意安全，注意秩序，听从研学旅行指导师指挥。不随意触碰或操作未授权的设备。*
	活动三：制作简易望远镜	利用简易材料制作简易望远镜，并进行望远镜测试。 准备材料：硬纸板、凹透镜和凸透镜、剪刀、尺子和铅笔、透明胶或双面胶、薯片桶或其他圆柱形容器。 制作步骤：裁剪纸板—画折线—剪出豁口—固定透镜—折叠纸板—装饰与调整。 望远镜测试：找一个远处的参照物（如远处的山头、高楼等），通过调整望远镜的透镜位置（如果可能的话）来对焦。将望远镜对准远处的目标（如树木、建筑等），观察是否能看到清晰的图像。 虽然自制望远镜的放大倍数可能不高，但重要的是让孩子们体验到制作和观察的乐趣。 *温馨提示：积极参与，勇于创新。*

续表

活动内容		详细内容
活动设计	活动四： 月相探秘绘画	选择一个晴朗的夜晚，在弹筝湖研学基地户外广场，观察月亮的形状、颜色和位置。并鼓励引导孩子们用简单的语言描述他们看到的月亮，比如"弯弯的月亮像小船"或"圆圆的月亮像盘子"。 根据观察的月亮，进行绘画创作，可以鼓励他们加入一些创意元素，比如星星、云彩、月亮上的小兔子或嫦娥等。并进行优秀作品评选。
	活动五： 天文日记	记录研学过程中的所见所感，撰写天文日记，并进行分享交流。 温馨提示：充分发挥自己的想象力和创造力。

2. 小学高年级（9~12岁）

研学主题		仰望星空·天文寻梦
研学目标		**知识目标**：让学生了解宇宙的基本构成和天文观测的基本原理。加深学生对星座、行星和月球等天文现象的认识。使学生掌握简易天文观测设备的使用方法和天文台的基本运作。 **能力目标**：培养学生的观察能力和分析问题的能力。提升学生的团队协作和沟通能力。锻炼学生的实践操作能力和科学探索精神。 **情感目标**：激发学生对天文科学的兴趣和好奇心。培养学生探索未知世界的勇气和毅力。增进学生对自然与宇宙的敬畏之心。
研学内容	学科链接	人教版四到六年级学科：语文、数学、科学、美术、综合
	课题研究	参考选题： 1. 星座识别与观察记录 2. 行星观测与运动规律研究 3. 月球相位变化规律探究 撰写开题报告，出发前根据小组成员选择的研究课题，由研学旅行指导师指导细化主题，学生自主完成课题相关素材的收集、分类和学习。
	研学拓展	邀请天文学家或专家举办讲座，与学生互动交流。

续表

	活动内容	详细内容
活动设计	活动一：崆峒山地质博物馆参观学习	组织学生乘车前往参观崆峒山地质博物馆，了解地球奥秘及崆峒山基本概况。 **温馨提示：** 注意安全，听从研学旅行指导师指挥，不能单独行动。遵守景区规定。
	活动二：星座观测实践	在弹筝湖研学基地小型天文台学习了解天文台的功能，以及简易天文观测设备的构造和工作原理。选择一个晴朗的夜晚，分组使用简易望远镜进行星座观测，找到自己的星座，记录星座的位置和特征。 **温馨提示：** 注意安全，注意秩序，听从研学旅行指导师指挥。不随意触碰或操作未授权的设备。
	活动三：月亮观测之夜	选择一个晴朗的夜晚，月亮较为明亮的时候，研学旅行指导师指导学生如何安全使用望远镜观察月亮的形状、亮度、颜色等特征，并记录下来。提醒观测时的注意事项。学生轮流分享观测体验和发现，研学旅行指导师进行点评和补充。 **温馨提示：** 注意观察时的安全，避免长时间直视月亮或望远镜。
	活动四：天文知识竞赛	学习天文相关知识后，组织学生进行天文知识竞赛，涵盖星座、行星、宇宙探索等方面。 题目示意： 1. 太阳系中离太阳最近的行星是哪一颗？ A. 金星　B. 水星　C. 火星　D. 地球 答案：B. 水星 2. 晚上我们看到的"一闪一闪亮晶晶"的星星，它们其实大多是什么？ A. 月亮的碎片　B. 太阳系内的行星 C. 遥远的恒星　D. 宇宙中的飞船 答案：C. 遥远的恒星 3. 一年之中，哪个节日我们几乎总是能看到满月？（假设不考虑具体年份的月相变化细节） A. 春节　　　B. 中秋节 C. 端午节　　D. 圣诞节 答案：B. 中秋节（注意：这里基于传统和习惯，中秋节常在农历八月十五，此时多为满月）

续表

	活动内容	详细内容
活动设计	活动四：天文知识竞赛	4. 在夜空中，除了月亮，哪颗行星用肉眼最容易看到，并且有时在傍晚或清晨看起来像是天空中的"明灯"？ A. 火星　B. 金星　C. 木星　D. 土星 答案：B 金星（金星因其高反射率和靠近太阳的位置，常被称为"晨星"或"夜星"） 5. 太阳系中有几颗行星是肉眼可见的？（不考虑特殊天文条件或观测技巧） A. 3颗　B. 5颗　C. 7颗　D. 9颗 答案：B. 5颗（水星、金星、火星、木星、土星） 6. 下面哪项不是关于月球的正确描述？ A. 月球是地球唯一的自然卫星 B. 月球表面有很多陨石坑 C. 月球上白天和黑夜的长度完全相同 D. 月球可以发光，所以我们晚上能看到它 答案：D 月球可以发光，所以我们晚上能看到它（月球本身不发光，我们看到的月光是太阳光照在月球表面反射回来的光） *温馨提示：注意秩序，听从研学旅行指导师指挥。*
活动设计	活动五：日晷制作并观察	提前给小学生讲解日晷的基本知识，包括其结构（晷盘、晷针、底座）、计时原理以及古代十二时辰与现代时间的对应关系。在户外阳光充足的地方，使用日晷材料包制作日晷，根据当地纬度和季节调整日晷的倾斜角度，确保晷针的影子能准确反映时间。将日晷放置在阳光充足的地方，观察晷针影子的移动，并记录不同时间点的影子位置。根据晷针影子的位置，对照晷盘上的标记，记录对应的时间。 *温馨提示：注意安全，注意秩序，听从研学旅行指导师指挥。避免在阳光下长时间暴晒。*
	活动六：夜间星空露营	在弹筝湖研学基地进行夜间星空露营，利用简易望远镜观测星空，享受大自然的宁静与美丽。露营后，根据观测的星空，进行绘画创作比赛。 *温馨提示：夜间活动注意保暖，携带必要的夜间用品。注意安全，避免走失或发生意外。*

3. 初中阶段（13~15岁）

研学主题	仰望星空·天文寻梦	
研学目标	**知识目标**：深入理解宇宙的起源与基本构成，包括恒星、行星、星系等概念。掌握常见星座的识别方法，了解星座背后的文化故事。学习天文观测的基本技能，如使用望远镜、星图等观测工具。 **能力目标**：培养学生的观察、分析和总结能力，使其能够独立进行天文观测。提升学生的团队合作和沟通能力，学会在团队中共同完成任务。培养学生的科学探究精神和创新思维，鼓励其提出自己理解的天文问题并尝试解答。 **情感目标**：激发学生对天文科学的热爱和好奇心，培养其持续学习的兴趣。增强学生的环保意识，认识到保护地球和宇宙环境的重要性。提升学生的民族自豪感和文化认同感，传承和弘扬天文文化。	
研学内容	学科链接	人教版初中学科：地理、物理、数学、语文
	课题研究	参考选题： 1. 星座与文化的关联性研究 2. 太阳系行星的观测与研究 3. 天文观测数据的收集与处理 撰写开题报告，出发前根据小组成员选择的研究课题，由研学旅行指导师指导细化主题，学生自主完成课题相关素材的收集、分类和学习。
	研学拓展	开展天文摄影比赛，鼓励学生用镜头捕捉美丽的星空和天文现象。
活动设计	活动内容	详细内容
	活动一：崆峒山地质博物馆参观学习	参观崆峒山地质博物馆，并在香山合适的地点观风云气象，整体了解崆峒山的自然概况。 温馨提示：注意安全，听从研学旅行指导师指挥，不能单独行动。遵守景区规定。
	活动二：学习使用天文观测设备并进行星座观测与辨识	学习天文观测设备的构造和工作原理，以及使用方法。在弹筝湖研学基地天文观测处，夜晚利用简易望远镜观测星空，辨识常见星座，找到自己的星座，并描绘下来，了解其背后的文化故事。 温馨提示：注意秩序，听从研学旅行指导师指挥。不随意触碰或操作未授权的设备。

续表

	活动内容	详细内容
活动设计	活动三：太阳系行星探索，观察太阳黑子	准备不同大小的小球代表太阳系的行星，用一个光源模拟太阳，放在教室正中央，使用长绳或黏性胶带固定小球，模拟行星的轨道，通过模拟实验，观察行星运动、讨论行星特点、模拟行星运动规律并记录下来。 白天可通过望远镜观测，在专业老师的指导下查看太阳黑子，并小组讨论观测结果。注意保护眼睛，为望远镜配备专业的太阳滤镜（如巴德膜）。
	活动四：天文数据收集与处理	专业天文老师指导学生使用星图、望远镜等工具收集天文数据，运用数学知识进行数据处理和分析，并完成天文学习报告。 星图是将天体（主要是恒星、星座、银河系、星云、星团等）在天球上的视位置投影到平面上而绘成的图，用以表示这些天体的位置、亮度和形态等。
	活动五：天文摄影实践	指导学生使用专业相机或手机进行天文摄影，捕捉美丽的星空和天文现象。并将作品进行展示和评价。 温馨提示：注意秩序，听从研学旅行指导师指导，充分发挥创意。
	活动六：天文知识竞赛暨天文研学成果展示汇报会	组织学生进行天文知识竞赛，涵盖星座、行星、宇宙探索等方面，优胜者将获奖品。鼓励学生将天文研学过程中的所见所闻、所思所感进行整理与总结。 竞赛题示意： 1. 太阳系中的行星按照离太阳由近及远的顺序排列，第三个行星是？ 　A. 地球　B. 火星　C. 木星　D. 金星 答案：A. 地球 2. 哪个星座因其形状像一把大勺子而被人们熟知，并且常被用来寻找北极星？ 　A. 狮子座　B. 天蝎座 　C. 大熊座　D. 小熊座 答案：C. 大熊座（特别是其中的北斗七星部分） 3. 月球上没有大气层，因此它的天空看起来是什么颜色的？ 　A. 蓝色　B. 黑色　C. 白色　D. 红色 答案：B. 黑色（因为没有大气层散射阳光中的蓝光）

续表

	活动内容	详细内容
活动设计	活动六：天文知识竞赛暨天文研学成果展示汇报会	4.以下哪种天体是我们晚上抬头就能看到的、太阳系中唯一一颗自然卫星？ A. 彗星　B. 流星　C. 月球　D. 火星 答案：C. 月球 5.太阳系中最大的行星是哪一颗？它有一个显著的特征是有一个巨大的红色条纹。 A. 木星　B. 土星　C. 天王星　D. 海王星 答案：A. 木星（其大红斑是木星上最著名的特征之一） 6.太阳系中哪颗行星因其强烈的环系而闻名？ A. 木星　B. 土星　C. 天王星　D. 海王星 答案：B. 土星 7.下列哪个不是构成星座的基本元素？ A. 恒星　B. 星云　C. 流星　D. 行星 答案：C. 流星（流星是短暂的天文现象，不是构成星座的固定元素） 8.哪个天文现象是当地球、月球和太阳几乎处于同一直线上，且地球位于中间时发生的？ A. 月食　B. 日食　C. 流星雨　D. 新月 答案：A. 月食（虽然新月时三者也几乎在同一直线，但月食特指月球进入地球阴影的现象） 温馨提示：积极参与活动，分享所学所想。

4.高中阶段（16~18岁）

研学主题	仰望星空·天文寻梦
研学目标	**知识目标**：掌握基本的天文学知识，如星座、行星、恒星等。了解天文观测的基本方法和技巧。认识天文观测设备的工作原理和使用方法。加深学生对天文学基本知识和科学原理的理解，提高他们的科学素养。 **能力目标**：提升学生的观察能力和分析能力。培养学生的团队合作和沟通能力。锻炼学生的实践操作能力和解决问题的能力。 **情感目标**：激发学生对天文学的兴趣和热爱。培养学生的科学探索精神和创新精神。增强学生的环保意识，关注宇宙与地球的关系，领略宇宙之美，拓宽学生的视野和胸怀。

续表

研学内容	学科链接	人教版高中学科：数学、物理、地理、语文
	课题研究	参考选题： 1. 崆峒山地区星空观测记录与分析 2. 天文观测设备对观测效果的影响研究 3. 星空摄影技巧与作品展示 撰写开题报告，出发前根据小组成员选择的研究课题，由研学旅行指导师指导细化主题，学生自主完成课题相关素材的收集、分类和学习。
	研学拓展	天文论坛：邀请天文学家或科普学家与学生进行面对面交流，分享他们的科研经历和心得。
活动设计	活动内容	详细内容
	活动一：天文观测实践	利用简易天文望远镜，组织学生进行星空观测，如辨认十二星座、观测行星等。 专业天文老师进行现场指导，解答学生疑问。 *温馨提示：注意秩序，听从研学旅行指导师指挥。不随意触碰或操作未授权的设备。*
	活动二：模拟太阳系制作	利用黏土和纸板等简易材料，指导学生制作模拟太阳系模型。通过制作过程，让学生们了解太阳系中各天体的相对位置和大小关系。 *温馨提示：注意秩序，听从研学旅行指导师指挥。在制作过程中，保持桌面整洁，确保材料安全使用。*
	活动三：天文科普讲座与展览	邀请天文学家或科普学家为学生们进行科普讲座，介绍天文学的基本知识和发展历程。 举办天文摄影展或星空主题艺术展，展示专业摄影师和艺术家们的作品。 通过讲座和展览，让学生们更全面地了解天文学的魅力和意义。 *温馨提示：注意秩序，听从研学旅行指导师指挥。*
	活动四：天文互动游戏挑战	设计一款互动式的天文知识问答游戏，结合趣味性和挑战性。学生分组参与游戏，通过答题、抢答等方式进行竞争。设立奖项，表彰优秀团队和个人，激发学生的参与热情。

续表

活动内容		详细内容
活动设计	活动四：天文互动游戏挑战	游戏问答题示例： 1. 什么是宇宙大爆炸理论？ 解答：宇宙大爆炸理论是现代宇宙学中最有影响的一种学说。它的主要观点是宇宙从一个非常高温、高密度的初始状态开始，经过不断地膨胀和冷却，形成了今天所看到的宇宙。这一理论得到了许多天文观测证据的支持，如宇宙微波背景辐射、宇宙的膨胀、轻元素的丰度等。 2. 太阳系中有哪些行星？ 解答：太阳系中共有八大行星，按照它们距离太阳由近及远的顺序排列，分别是：水星、金星、地球、火星、木星、土星、天王星和海王星。这些行星围绕太阳公转，并具有各自独特的轨道特性和物理特征。 3. 什么是恒星？恒星是如何形成的？ 解答：恒星是由引力凝聚在一起的一颗球形发光等离子体，太阳就是最接近地球的恒星。恒星的形成通常发生在分子云中，巨大的气体云在自身引力作用下逐渐坍缩，形成一个密集的气体核心。当核心温度和密度增加到一定程度时，就会引发核聚变反应，将氢转化为氦，并释放出巨大的能量，这就是恒星开始发光发热的标志。 *温馨提示：积极参与活动，勇于挑战自我。*
	活动五：拍摄星轨	选择一个月朗星稀、光污染较少的夜晚，使用相机及广角镜头、三脚架，专业导师讲解星轨拍摄的基本步骤和技巧，包括对焦、曝光设置、构图等。演示如何设置相机参数，并解答学生疑问。学生按照分组进行拍摄，拍摄过程中，学生可以自由发挥创意，尝试不同的拍摄角度和构图方式。学生可以将自己的作品上传至学校网站或社交媒体进行展示和分享。 *温馨提示：注意秩序，听从研学旅行指导师指挥。不随意触碰或操作未授权的设备。*
	活动六：天文学研学成果总结分享会	组织学生进行总结分享会，让学生分享自己在活动中的收获和感受。鼓励学生以多种形式展示研学成果，如 PPT 汇报、短视频、手工艺品等。 *温馨提示：积极分享展示自己的成果。*

5. 亲子家庭（3~5 岁小朋友的亲子家庭）

研学主题	仰望星空·天文寻梦	
研学目标	让幼儿了解崆峒山地理位置、自然环境特点及天文气象特征，通过夜晚观星活动，初步认识星空，了解星星、月亮、太阳等天体及其基本运行规律，激发幼儿对天文科学的兴趣，培养好奇心和探索精神。	
活动设计	活动内容	详细内容
	活动一：星空观测	在弹筝湖研学基地设置观测点，使用望远镜等简易的天文设备进行星空观测，让幼儿亲眼看到星星、月亮等天体，感受宇宙的浩瀚与神秘。
	活动二：太阳黑子观测	幼儿和家长在天文研学旅行指导师的指导下，日间使用配备太阳滤镜的天文望远镜观测太阳黑子。请注意佩戴专业的观测镜，同时控制观测时长，时刻保护眼睛。温馨提示：请确保活动过程中孩子们的安全，家长需全程看护好自己的孩子。同时，注意保护天文设备，不随意触碰或操作未授权的设备。观测过程中请保持安静，听从研学旅行指导师的安排。
	活动三：手工制作	请研学旅行指导师提供材料：黏土等，指导家长和幼儿一起制作星球模型，如地球、火星等，让幼儿在动手制作中加深对天体的认识。温馨提示：请听从研学旅行指导师的指挥，注意维护活动秩序，并积极参与手工制作活动。

第四讲　崆峒山自然类研学课程

课程内容重点选取第一部分的第二讲和第四讲。

1. 小学低年级（6~8岁）

研学主题	真灵萃此·解锁奥秘	
研学目标	**知识目标**：观赏崆峒山自然风光，学习认识和描述崆峒山自然地理环境和独特的动植物资源，培养对常见生物和自然地理环境的认知和敏感性；了解崆峒山的基本植物分类及动物种类，能详细介绍一种动植物。 **能力目标**：学会做人做事，形成文明旅游的意识，学会独立动手动脑和生存生活能力；同时培养学生科学思维和探究精神，引导学生观察和提问，激发对新事物的好奇心。 **情感目标**：感受祖国的大好河山，培养学生热爱祖国、热爱大自然的情感，促进学生身心健康，增强体力，锻炼毅力；树立环保意识，增强人与大自然和谐相处的观念。	
研学内容	学科链接	人教版一到三年级学科：语文、科学、美术、综合
	课题研究	参考选题： 1. 我眼中的崆峒山风光 2. 崆峒山常见的植物 3. 我最喜欢的崆峒山动物 4. 我看到的崆峒山云海 出发前根据小组成员选择的研究课题，由研学旅行指导师指导细化主题，学生用图画或者文字的形式完成课题报告。
	研学拓展	举办"我眼中的崆峒山"研学旅行手抄报大赛

续表

	活动内容	详细内容
活动设计（以动植物考察为例）	活动一：实地考察通过中台游览、动植物考察活动，亲身体验崆峒山的自然风光和动植物资源	乘车前往中台，由研学旅行指导师或景区专业的讲解员对崆峒山的自然风光进行整体介绍，重点介绍崆峒山的动植物资源并回答学生的疑问。通过该活动让学生整体了解崆峒山的自然资源，以便开展接下来的课程。
	活动二：鼓励学生用画笔或相机记录下他们观察到的植物，培养他们的艺术感知能力	在崆峒山中台游览完毕后，在南台集合，由研学旅行指导师现场布置拍摄或绘画主题"多彩植物"，学生每人拍摄或绘制一幅画，规定寻找至少三种不同颜色的植物，种类越多者可获得研学旅行指导师的纪念品奖励，研学旅行指导师在活动后收集学生创作的作品并形成成果汇总。温馨提示：注意安全，听从研学旅行指导师指挥，不能单独行动。遵守景区规定，注意保护环境。
	活动三：分享自己的见解和感受，促进交流与合作	全班分成3~5组，小组选择自己的研究课题进行讨论，最后每组派代表用语言描述研学旅行的所见所闻，以及独特的研学感受。
	活动四：娱乐活动你说我猜	分组后每组派代表参加你说我猜，用语言来描述一种崆峒山常见的小动物（松鼠、仙鹤、鹿、猪獾、小猫、狐狸、狼、豹子等），注意找准动物特征，如松鼠有大大的尾巴，猜中多的获胜，有小礼品作为奖励。温馨提示：积极发言，有秩序讨论，切勿嬉笑打闹。
	活动五：在崆峒山中台或南台采集植物落叶，制作植物标本书签	在崆峒山游览过程中，进行植物采集活动，为保护生态，以捡拾落叶为主，指导学生识别不同种类的植物叶片，如枫叶、银杏叶等，并了解它们的生长环境和特点。回到研学教室后，鼓励学生发挥创意，将植物标本设计成独特的书签。（书签制作方法见学生版第四讲《制作简易的植物标本》）温馨提示：注意安全，避免采集有毒或带刺的植物。

2. 小学高年级（9~12岁）

研学主题	真灵萃此·解锁奥秘	
研学目标	**知识目标：**通过山地观光和动植物观察活动，让学生了解崆峒山独特的自然景观和各种动植物资源种类及分布情况。 **能力目标：**培养学生的观察能力、逻辑思维能力和解决问题能力，鼓励学生主动探索和学习新知识；提高学生的独立生活能力，以及引导学生形成安全意识和自我保护能力。 **情感目标：**亲近自然，放松身心，体会自然生态之美，树立中华民族文化自信心；引导学生关注自然生态，培养环保意识，激发他们保护自然、珍爱生命的责任感。	
研学内容	学科链接	人教版四到六年级学科：语文、生物、科学、美术、综合
研学内容	课题研究	参考选题： 1. 崆峒山植物多样性研究 2. 崆峒山的动物朋友们 3. 崆峒山自然景观和人类活动的关系研究 4. 崆峒山的风云变幻 撰写开题报告，出发前根据小组成员选择的研究课题，由研学旅行指导师指导完成主题细化，学生自主完成课题相关素材的收集、分类和学习。
研学内容	研学拓展	举办"人与自然如何和谐相处""如何更好地保护和发展崆峒山自然景观"等研学旅行主题征文比赛。
活动设计（以动植物考察为例）	活动内容	详细内容
活动设计（以动植物考察为例）	活动一：登山观光，趣味寻宝	乘车前往中台，组织学生徒步前往东台，徒步过程中老师沿途讲解崆峒山的特色植物，并引导学生用手机拍摄记录下来。沿途设置趣味寻宝游戏，寻找隐藏在山路上的"自然宝藏"（如红色石头、粉色小花等），学生们需要分组进行，选出小队长，负责协调组内各个成员任务，找到宝藏后需用手机或相机拍照留存，带回到研学教室进行观察研究。

续表

	活动内容	详细内容
活动设计（以动植物考察为例）	活动二：动植物考察	研学旅行指导师介绍崆峒山的动植物种类及其生态特点，让学生了解当地的生物多样性。 从中台徒步前往崆峒山南台，组织学生进行植物采集活动，为保护生态，以捡拾落叶枯枝为主，学习植物分类和鉴别方法。 在中台附近，找寻动物出没多的地方，分组进行观察和记录。 小组成员进行头脑风暴，分享各自的观察成果和心得体会。
	活动三：植物摄影比赛	在安全的观光地点，选择合适时间，研学旅行指导师带领学生观赏繁茂的植物景观，并利用手机或相机等拍摄工具进行拍摄，举办"植物的微观世界"主题的摄影分享大赛，引导学生使用微距镜头或手机微距模式，拍摄植物的细节，如花蕊、露珠、叶脉。每位学生提交一组微距摄影作品，并附上简短的观察记录。评选出最具创意、最有美感的摄影作品。 温馨提示：注意安全，听从研学旅行指导师指挥，不能单独行动。遵守景区规定，注意保护环境，只捡拾自然掉落的落叶和枯枝，避免采集有毒或带刺的植物。
	活动四：自然拼图游戏	研学旅行指导师准备一些崆峒山常见的动植物（小松鼠、猪獾、孔雀柏、塔松等）的图片，将其剪成碎片，让学生分组进行拼图比赛，看哪组最先完成。
	活动五：自然知识问答竞赛	研学旅行指导师设置一系列关于崆峒山自然知识的问题，进行抢答比赛，增强学生对崆峒山自然环境的了解。 注意，根据小学4~6年级认知特点，从第一部分学生版中知识设置抢答问题，问题难易示例： 1. 崆峒山位于我国哪个省份？ 答：甘肃省。 2. 崆峒山上有多少种已知的植物种类？ 答：1000多种。 3. 崆峒山的海拔是多少？ 答：主峰的海拔为2123.5米。 4. 崆峒山上最著名的两棵古树分别是什么？它们的核心特点是什么？ 答：招鹤堂的"孔雀柏"和凤凰岭的"千年华盖"。它们的特点是树龄都在千年以上，但仍枝繁叶茂，生机盎然。

续表

	活动内容	详细内容
活动设计（以动植物考察为例）	活动五：自然知识问答竞赛	5. 崆峒山上常见的小动物都有哪些？请说出2~3个。 答：小松鼠、猪獾、仙鹤等。 6. 崆峒山的主要植被类型是什么？ 答：崆峒山的主要植被类型是森林植被，包括针叶林、阔叶林、混交林等。
	活动六：举行总结讨论会	小组内部每个成员对此次研学旅行活动进行总结，并分享成果和感受，小组长安排人员对发言内容进行记录。 温馨提示：注意秩序，积极参与活动，切勿嬉笑打闹。

3. 初中阶段（13~15岁）

研学主题		真灵萃此·解锁奥秘
研学目标		**知识目标**：学习了崆峒山的生态环境优势，了解崆峒山的动植物资源分布情况及动植物观测方法。鼓励学生利用学校学到的相关学科知识，深入探究崆峒山的自然知识，促进知识的融合与创新，提升综合素养。 **能力目标**：提升学生的观察力、分析力与实践能力，促进学生间的团队合作与交流能力，学会在团队中发挥自己的优势，同时培养学生的领导能力；提高学生户外生存以及野外求生技能，增强学生之间的凝聚力。 **情感目标**：走进自然，欣赏祖国的大好河山，开阔视野，缓解学业紧张和压力，学会如何欣赏大自然之美，形成生态文明意识，培养学生的环保意识与生态责任感。
研学内容	学科链接	人教版初中学科：语文、生物、科学、美术、综合
	课题研究	参考选题： 1. 崆峒山的生态系统与保护意义 2. 崆峒山植物种类识别 3. 崆峒山动物痕迹追踪 4. 崆峒山气象观测 撰写开题报告，出发前根据小组成员选择的研究课题，由研学旅行指导师指导细化主题，学生自主完成课题相关素材的收集、分类和学习。
	研学拓展	举办自然艺术创作展览，鼓励青少年利用在崆峒山捡拾的自然材料（如树叶、松果、树枝等）进行艺术创作，做成艺术工艺品或拼贴画，并评选出优秀作品。

续表

活动内容		详细内容
活动设计（以动植物考察为例）	活动一：初识崆峒，实地考察	带领青少年沿山径徒步，观察并记录沿途的植物、动物等生态特点。在安全的地点分组进行生态调查，如植物种类识别（通过观察植物叶子、研究植物花朵、分辨植物的果实和种子等方法）、动物痕迹追踪（观察足迹、粪便、打滚的地方等）。学会使用手机作为辅助的学习工具，比如使用微信/支付宝扫一扫，可以更好地认识动植物。 温馨提示：注意安全，听从研学旅行指导师指挥，不能单独行动。遵守景区规定，注意保护环境，避免采集有毒或带刺的植物。
	活动二：专题讲座	开展小型专题讲座，邀请当地生态专家或教师为学生讲解崆峒山的生态系统与保护意义。 温馨提示：注意秩序，认真听讲，切勿嬉笑打闹。
	活动三：户外拓展	在南台空旷区域，绿树之下，举行"畅快呼吸·自然拓展"小型活动，准备好所需的运动器材，比如垫子、绳子等，设计一系列有趣的团队挑战活动，如障碍接力赛、拔河、跳绳比赛、同心鼓颠球游戏等。 温馨提示：鼓励青少年积极参与，但也要避免过度运动造成的伤害。
	活动四：摄影比赛	以孔雀柏为摄影对象，鼓励青少年分组徒步前往招鹤堂，用相机或手机捕捉孔雀柏的千年风姿，培养审美与观察能力，并由研学旅行指导师进行评分，优秀作品给予额外奖励。
	活动五：野外生存技能	在弹筝湖研学基地，教授简单的野外生存技能，如辨别方向、野外急救、野外取火、各类绳结、搭建简易帐篷等。并在安全条件下，组织夜间露营活动。 温馨提示：注意安全，听从研学旅行指导师指挥，不能单独行动。
	活动六：成果展示，经验交流	各组展示考察报告、环保作品、自然摄影作品及艺术创作等研学成果。分享研学过程中的感悟与收获，互相学习借鉴，研学旅行指导师进行评分，并对优秀学员进行奖励与表彰。 温馨提示：注意秩序，积极参与活动，切勿嬉笑打闹。

4. 高中阶段（16~18岁）

研学主题	真灵萃此·解锁奥秘	
研学目标	**知识目标：** 学习了解崆峒山的自然生态情况及动植物分布概况，对崆峒山的自然生态系统有完整的认知，培养科学研究与探索的兴趣。 **能力目标：** 通过实践活动与团队协作，提升学生的领导力、组织协调能力及创新思维。重点培养学生自学研究能力，以及发现问题、提出问题的能力。 **情感目标：** 养成热爱自然、热爱祖国大好河山的情感以及自然审美情趣，学会自我放松和缓解学业紧张和压力。启发学生对环境保护与可持续发展的深入思考，树立可持续发展观念，提升社会责任感。同时培养集体主义和勇于担当的精神，提升学生自身全面发展的素养。	
研学内容	学科链接	人教版高中学科：语文、生物
	课题研究	参考选题： 1.崆峒山生态研究 2.崆峒山植物研究 3.崆峒山动物研究 4.崆峒山气象研究 撰写开题报告，出发前根据小组成员选择的研究课题，由研学旅行指导师指导细化主题，学生自主完成课题相关素材的收集、分类和学习。
	研学拓展	举办山地生态知识讲座进校园活动，邀请专家为学生讲解崆峒山的生态多样性及环境保护的重要作用。
活动设计（以动植物考察为例）	活动内容	详细内容
	活动一： 实地考察与数据采集	中台前往皇城的途中，沿山径进行初步的自然考察，记录物种分布及特点。各小组在指定安全区域进行深入的实地考察与数据采集。 温馨提示：注意安全，听从研学旅行指导师指挥，不能单独行动。遵守景区规定，注意保护环境。
	活动二： 实验操作与科学探究	根据兴趣与特长，分为生态、植物、动物研究小组。各小组在指定安全区域进行深入的实地考察与数据采集。在研学旅行指导师的指导下，各小组回到研学基地的实验教室进行简单的实验操作，如土壤分析、岩石检测、植物实验等。

续表

活动内容		详细内容
活动设计（以动植物考察为例）	活动二：实验操作与科学探究	1. 土壤分析 ①准备材料：不同类型的土壤样本（如沙土、黏土、壤土）、水、滤纸、锥形漏斗、玻璃棒、密度瓶、酸性试剂（如盐酸）、碱性试剂（如氢氧化钠溶液）、酸性指示剂（如酚酞溶液）、火柴或点火器。 ②观察土壤物理性质： ● 观察土壤颗粒大小，用手指试验其质地和黏性。 ● 使用滤纸和玻璃棒过滤并观察土壤颗粒的分离情况。 ● 向土壤中加入水，观察其吸水性和保水性能。 ③进行化学实验： ● 使用密度瓶进行土壤通气性实验，观察氧气消耗和液体进入情况。 ● 加入酸性或碱性试剂，观察土壤的反应和气泡产生情况，以及使用酸性指示剂观察颜色变化，以判断土壤的pH值。 ④数据分析：根据观察结果和实验数据，分析土壤的物理性质和化学性质，如颗粒大小、质地、保水性、通气性和pH值等。 2. 岩石检测 ①准备材料：岩石样本、放大镜、滴管、铁锤、铅笔。 ②观察岩石外观. ● 使用放大镜观察岩石的颜色、气孔、条纹及断面颗粒大小和结构。 ● 用铅笔敲击岩石表面，听其声音，判断岩石的坚硬程度。 ③进行渗透性实验： ● 使用滴管在岩石表面滴少量水，观察水是否渗透入岩石及渗透程度。 ④硬度测试： ● 用指甲和金属硬物分别刮擦岩石表面，进一步判断其硬度。 ● 数据分析：综合以上观察结果，判断岩石的类型和特性。 3. 植物实验 以植物组织培养为例： ①准备材料：MS培养基、外植体（如植物叶片、茎段等）、消毒液（如75%酒精、次氯酸钠溶液）、无菌操作台、培养皿、移液管等。

续表

活动内容		详细内容
活动设计（以动植物考察为例）	活动二：实验操作与科学探究	②配制母液： ● 按照实验指导配制含有大量元素、微量元素、激素和维生素的母液。 ● 注意使用蒸馏水，避免使用自来水或河水。 ③消毒与接种： ● 将外植体进行彻底的消毒处理，以去除表面的微生物。 ● 在无菌操作台上，将外植体接种到 MS 培养基上。 ④培养：将接种好的培养皿放入恒温培养箱中，设定适当的温度和光照条件进行培养。 ⑤观察与记录：定期观察植物组织的生长情况，记录生长速度和形态变化。 ⑥数据分析：根据实验结果，分析植物组织培养的成功率和影响因素。 温馨提示：听从研学旅行指导师指挥，注意实验安全。
	活动三：生态科普宣传活动	学生在崆峒山景区分组进行生态科普宣传活动，通过自主制作环保宣传册、海报等，向游客宣传环保知识，倡导绿色出游方式。同时组织学生进行一些环保实践活动，如清理崆峒山垃圾等，通过亲身参与，让学生更深入地理解环保的重要性，并培养他们的环保意识和行为习惯。 温馨提示：注意安全，听从研学旅行指导师指挥，不能单独行动。遵守景区规定，注意保护环境。
	活动四：领导力培训	通过小组辩论、角色扮演等活动，提升青少年的领导力与组织协调能力。活动后由研学旅行指导师全面评估青少年在团队中的协作能力、领导力与组织协调能力。 小组辩论议题示例： 1. 崆峒山旅游开发与自然环境保护应如何平衡？ 正方观点：崆峒山旅游开发应优先于自然环境保护。 反方观点：自然环境保护应优先于崆峒山旅游开发。 2. 在崆峒山旅游中，应如何平衡游客体验和生态保护？ 正方观点：应优先考虑生态保护，确保游客体验不会对环境造成负面影响。

续表

活动内容		详细内容
活动设计（以动植物考察为例）	活动四：领导力培训	反方观点：游客体验是旅游业的核心，应尽可能满足游客需求，即使这可能对生态造成一定影响。 角色扮演范例： 1. 崆峒山探险队：寻找失落的宝藏与守护自然 背景：传说崆峒山藏有古代文明的宝藏，一群高中生探险队决定前往寻找。但在探险过程中，他们意识到保护自然比寻找宝藏更重要。 角色： 探险队长：负责整个探险队的指挥和决策。 考古学家：对古代文明有深入研究，负责解读遗迹和线索。 地图专家：绘制和分析地图，确保探险队能够准确到达目的地。 自然观察员：负责观察自然环境和动植物，确保探险活动不破坏生态平衡。 探险队员：参与探险活动，共同面对挑战。 2. 崆峒山自然守护者联盟 背景：崆峒山面临着环境破坏和生态失衡的威胁，一群高中生志愿者组成"自然守护者联盟"，通过合作和策略制定，保护崆峒山的自然环境。 角色： 联盟领袖：负责整个联盟的运作和决策，确保各项任务得以执行。 环保专家：提供环保知识和策略建议，帮助联盟更有效地进行环保活动。 宣传员：负责对外宣传联盟的理念和成果，增强公众的环保意识。 实地调查员：负责调查崆峒山的生态状况，收集数据和反馈问题。 志愿者成员：参与各项环保活动，如植树、清理垃圾、野生动物保护等。

续表

活动设计 （以动植物 考察为例）	活动内容	详细内容
	活动五： 成果展示与 总结分享	各小组展示研学成果，包括报告、图表、视频等多种形式。邀请专家对展示成果进行点评，提供宝贵建议与指导。学生分享研学过程中的感悟与收获，讨论如何将所学应用于日常生活与未来学习。 温馨提示：注意秩序，积极发挥自身优势参与活动，切勿嬉笑打闹。

5. 亲子家庭（3~5岁小朋友的亲子家庭）

研学主题	真灵萃此·解锁奥秘	
研学目标	通过实地考察崆峒山的自然风光，让孩子们认识自然生态的多样性，了解动植物的基本特征和生活习性。引导孩子们关注环境保护，培养珍惜自然资源、爱护环境的意识。通过亲子合作活动，增强家庭成员间的沟通协作能力。	
活动设计 （以动植物 考察为例）	活动内容	详细内容
	活动一： 自然探索	乘车前往中台，由景区专业的讲解员对崆峒山的自然风光进行整体介绍，徒步前往东台、南台和北台，沿途观察崆峒山的自然景观和动植物资源。
	活动二： 环保行动	组织孩子捡拾垃圾，并引导孩子们正确分类投放垃圾，通过实践活动让孩子们了解垃圾分类以及环境保护的重要性。
	活动三： 植物手工	登山观赏沿途，家长协助孩子捡拾枯枝和落叶，以崆峒山的山体形状为主题，让孩子们亲手制作简单的拼接画等植物艺术品。 温馨提示：确保活动过程中孩子们的安全，家长需看护好自己的孩子。遵守景区规定，注意保护环境。

第五讲　崆峒山历史类研学课程

课程内容重点选取第一部分的第五讲和第六讲。

1. 小学低年级（6~8岁）

研学主题	聚焦历史·拜谒胜道	
研学目标	**知识目标：** 了解崆峒山的地理位置、自然环境以及历史文化背景，激发小学生对传统文化的兴趣。 **能力目标：** 通过集体的学习生活，增强小学生生存生活和适应社会的能力；通过各类互动活动，增强小学生的观察力与动手能力。同时培养小学生的团队合作精神与沟通能力。 **情感目标：** 感受大自然的美景，激发学生自豪之感和爱国之情；通过登高望远也可以增进小学生身心健康，强健体魄，愉悦精神。	
研学内容	学科链接	人教版一到三年级学科：语文、科学、美术、综合
	课题研究	参考选题： 1. 崆峒山的传说故事 2. 崆峒山的历史沿革 3. 崆峒山的历史人物 出发前根据小组成员选择的研究课题，由研学旅行指导师指导细化主题，学生用图画或者文字的形式完成课题报告。
	研学拓展	举办崆峒山绘画展，鼓励小学生根据研学活动的所见所闻，创作关于崆峒山的绘画作品，表达他们对崆峒历史文化的理解与感悟。

续表

	活动内容	详细内容
活动设计	活动一：徒步探秘崆峒山	在研学旅行指导师的带领下，小学生们徒步游览崆峒山中台、东台的主要景点，观察并描述自然景观和人文景观，如山峰和古建筑等。
	活动二：传说故事会	研学旅行指导师为学生讲述崆峒山的传说故事，小学生们边听边画，用画笔记录故事中的精彩瞬间。 传说示例： 1. 秦始皇登崆峒 2. 胭脂川的故事 3. 龙须草的来历 温馨提示：注意安全，听从研学旅行指导师指挥，不能单独行动。遵守景区规定，注意保护环境。
	活动三：文化寻宝活动	设置文化寻宝任务，小学生们分组在研学基地内寻找与崆峒文化相关的文物复制品或标识，如石碑、石刻等，以找到明代的碑刻为目标并拍照记录，回到研学基地评选出找到最多的同学，分发小奖品。
	活动四：历史拼图游戏	设计一款关于崆峒山历史文化的拼图游戏，小学生们分组合作，将零散的拼图碎片拼成完整的图案，以加深对崆峒山历史文化的了解。 拼图图片建议：黄帝问道广成子、武财神赵公明骑黑虎、崆峒山建筑风光等。
	活动五：小小讲解员	鼓励小学生们担任小小讲解员，在中台向其他游客介绍崆峒山的特色景点与历史文化，提升他们的自信心与表达能力。 温馨提示：注意秩序，听从研学旅行指导师指挥。

2. 小学高年级（9~12岁）

研学主题	聚焦历史·拜谒胜道
研学目标	**知识目标**：通过实地考察和学习，了解崆峒山的地理位置、历史沿革、文化地位以及历代文人墨客在此地留下的文化印记等。

续表

研学目标	能力目标：锻炼学生的自主学习能力和团队合作精神，提升观察、记录、归纳、总结等科研基础素养。初步学会搜集、处理信息，初步掌握研究问题、使用工具的简单程序和方法，学会集体生活、集体研学的能力。同时提升安全意识和自我保护能力。 情感目标：感受祖国大好河山之美，深入了解当地的历史文化，从而培养学生对历史文化遗产的认知、欣赏和尊重能力，进一步激发他们对本土文化传承的兴趣与责任感。	
研学内容	学科链接	人教版四到五年级学科：语文、科学、美术、综合
	课题研究	参考选题： 1. 崆峒山的历史沿革与文化传承研究 2. 崆峒山的神话传说 3. 崆峒山石刻艺术赏析 撰写开题报告，出发前根据小组成员选择的研究课题，由研学旅行指导师指导细化主题，学生自主完成课题相关素材的收集、分类和学习。
	研学拓展	鼓励小学生们研学活动结束后在家中举办一场关于崆峒山历史的分享会，与家人分享他们的研学经历和收获，并与家长共同完成一张关于崆峒山历史的手抄报，内容包括历史沿革、文化特色、研学心得等，培养他们的资料整理和信息归纳能力。
活动设计	活动内容	详细内容
	活动一： 崆峒山文化 遗迹探访	带领小学生们依次游览崆峒山中台、南台、东台、北台的重要景点及古建筑群，并详细讲解其历史背景及文化内涵，引导他们观察记录，制作游览路线图。 温馨提示：注意安全，听从研学旅行指导师指挥，不能单独行动。遵守景区规定，注意保护环境。
	活动二： 历史讲座与 互动问答	邀请当地历史专家为小学生们讲解崆峒山的历史与文化，通过生动的故事和有趣的问答形式，让小学生们对崆峒山的历史有更深入的了解。
	活动三： 历史故事 角色扮演	选择崆峒山历史上的著名故事，如黄帝问道、广成子传道等，让小学生们分组进行角色扮演。通过亲身体验，让他们更深入地理解历史故事背后的文化内涵。

续表

	活动内容	详细内容
活动设计	活动四：团队历史知识竞赛	组织一场历史知识竞赛，围绕崆峒山的历史文化出题，让小学生们在轻松愉快的氛围中巩固所学知识，增强团队合作精神。 题型示例： 1. 崆峒山与哪位古代帝王有深厚的历史渊源？ A. 秦始皇　B. 汉武帝　C. 唐太宗　D. 宋太祖 2. 崆峒山在哪个地理区域内？ A. 华北地区　B. 西北地区　C. 西南地区　D. 东南地区 3. 崆峒山在历史上的地位如何？ A. 崆峒山是道教的发祥地之一 B. 崆峒山是佛教的圣地 C. 崆峒山是儒家文化的重要代表 D. 崆峒山是古代军事战略要地 4. 下列关于崆峒山的描述，哪个是正确的？ A. 崆峒山是中国最高的山 B. 崆峒山是中国四大名山之一 C. 崆峒山因其独特的道教文化而闻名 D. 崆峒山是中国最古老的山
	活动五：石刻拓片制作	在研学旅行指导师指导下，选择具有代表性的石刻进行拓片制作，体验古代文献复制技艺。 温馨提示：注意秩序，积极参与，听从研学旅行指导师指挥。

3. 初中阶段（13~15岁）

研学主题	聚焦历史·拜谒胜道
研学目标	**知识目标**：学习了解崆峒山的历史文化，包括其地理位置、自然景观、人文遗迹等。深入剖析崆峒山的历史沿革与道教文化发展的内在联系，培养学生的跨学科分析能力。 **能力目标**：对于较为复杂的课程，能够搜集、处理相关信息，学习运用科学研究方法和手段分析解决问题。通过实践调研，提高学生的资料收集、整理、解读以及口头表达和书面报告的能力。提高学生的团队协作能力、观察能力和实践能力。 **情感目标**：融入大自然、社会和研学团队，树立家国情怀，形成团队意识，自觉承担研学中的责任，着力提高他们的社会责任感、创新精神和实践能力。

续表

研学内容	学科链接	人教版初中学科：语文、历史、地理、综合
	课题研究	参考选题： 1. 崆峒山自然景观与人文遗迹的相互关系研究 2. 崆峒山历史文化的传承与发展研究 3. 崆峒山在历史上的地位和影响研究 撰写开题报告，出发前根据小组成员选择的研究课题，由研学旅行指导师指导细化主题，学生自主完成课题相关素材的收集、分类和学习。
	研学拓展	鼓励学生将研学成果制作成宣传册或视频，向更多人传播崆峒山的文化魅力。
活动设计	活动内容	详细内容
	活动一：实地参观	实地参观崆峒山，观察并记录自然景观与人文遗迹的特点，重点参观景区古建筑群。由景区讲解员为青少年进行详细的历史文化讲解。 温馨提示：确保安全，遵守景区规定，不乱涂乱画，不损坏文物。
	活动二：课题研究与讨论	学生分组进行课题研究，如崆峒山的历史沿革、崆峒山的文化传承等，通过查阅资料、采访当地居民等方式收集资料，并撰写研究报告。 温馨提示：学会使用互联网工具，确保资料来源的可靠性。保持团队合作，相互协助完成任务
	活动三：古代名人角色扮演	学生分组扮演古代道士、游客等角色，模拟古代崆峒山的生活场景，体验历史文化氛围，寓教于乐，学中玩，玩中学。 场景示例： 崆峒山诗词创作会 角色：文人墨客、道士 活动内容：学生分组扮演文人墨客和道士，在崆峒山的模拟环境中进行诗词创作和交流。文人墨客组需要创作与崆峒山相关的诗词，道士组则需要为诗词提供道教文化的注解和背景。
	活动四：研学成果展示会	举办研学成果展示会，分享各组的探究成果和心得体会。研学旅行指导师给予专业指导和点评。

续表

活动内容		详细内容
活动设计	活动五：考古模拟活动	在专业人员指导下，在弹筝湖研学基地仿造小型考古现场，让学生模拟小型考古发掘过程，了解考古学的基本方法和技术。 小贴士： 发掘方法： ● 表层发掘：对地表或者埋藏较浅的目标物进行挖掘和研究，适用于遗址相对较浅或已部分暴露在地表的情况。 ● 深层发掘：对埋藏较深的遗址进行挖掘，需要使用机械设备如挖掘机和筛网等，以揭示更深层次的文化遗存。 ● 探方法：将遗址划分为网格状的探方，系统地进行挖掘和记录，确保发掘工作有序进行。 发掘过程： ● 记录：详细记录各层地层的信息，包括土质、土色、遗物分布等。 ● 保护：使用模拟工具进行挖掘，模拟处理发现的"文物"，增强对文物保护的意识。 *温馨提示：注意秩序，听从研学旅行指导师指挥。*

4. 高中阶段（16~18岁）

研学主题	聚焦历史·拜谒胜道
研学目标	**知识目标**：学习了解崆峒山历史文化，探索崆峒山与古代丝绸之路的关系，理解地域文化如何融入中华文明的大框架内。 **能力目标**：系统梳理崆峒山的历史变迁及在中华文化中的重要地位，提升学生对历史事件和文化现象的综合分析能力。结合实地考察与文献研读，培养学生独立进行学术研究的能力，包括选题、搜集资料、论证观点及撰写研究报告。 **情感目标**：开阔学生眼界，感受悠久的历史文化，激发学生对自然和祖国的热爱之情，增强对坚定"四个自信"的理解与认同。

续表

研学内容	学科链接	人教版高中学科：语文、历史、地理
	课题研究	参考选题： 1. 崆峒山古建筑群的风格特点与保护现状研究 2. 分析崆峒山在丝绸之路沿线地区的交流互动角色，以及它对东西方文化交融的具体案例研究 3. 崆峒山历史文化旅游资源的开发与利用研究 撰写开题报告，出发前根据小组成员选择的研究课题，由研学旅行指导师指导细化主题，学生自主完成课题相关素材的收集、分类和学习。
	研学拓展	鼓励学生将研学成果转化为社会实践项目，如参与崆峒山文化旅游资源的开发与保护等。
活动设计	活动内容	详细内容
	活动一： 实地考察与调研	跟随研学旅行指导师进行崆峒山全景导览，了解主要景点及其历史背景。 分组进行实地考察，记录崆峒山的自然景观、人文遗迹等详细信息。 采访当地居民或景区工作人员，了解崆峒山的历史变迁和现状文化传承情况。 *温馨提示：注意安全，听从研学旅行指导师指挥，不能单独行动。遵守景区规定，注意保护环境。*
	活动二： 口述历史采集	访谈崆峒山当地的长者或相关人员，收集崆峒山的民间故事、传统习俗等相关口述历史资料，作为研究素材，整理归档使用。 *温馨提示：学生在访谈过程中应尊重受访者的权益，取得同意并做好录音、录像等材料的保管和合理使用。*
	活动三： 历史文化讲座与答疑	邀请专家学者进行崆峒山历史文化讲座，为学生提供理论支撑，并对学生的问题进行答疑解惑。 *温馨提示：认真听讲，踊跃提问，注意纪律。*
	活动四： 文化遗产保护实践活动	参与崆峒山文物保护维护工作，如石刻拓片制作、古建筑修复观察等，体验文化遗产保护的实际操作。 *温馨提示：在进行任何可能涉及文物的操作时，务必遵循文物保护原则，避免直接触碰或破坏文物。*

续表

	活动内容	详细内容
活动设计	活动五：丝路文化路径徒步	沿着崆峒山附近的丝绸之路遗迹进行徒步，结合地理坐标与历史事件进行时空定位，理解该地区在丝绸之路中的地理位置意义。 温馨提示：注意安全，听从研学旅行指导师指挥。

5. 亲子家庭（3~5岁小朋友的亲子家庭）

研学主题	聚焦历史·拜谒胜道
研学目标	通过实地参观、体验活动，让孩子们初步了解并感受中华传统文化的博大精深和独特魅力，着重培养孩子们对中华优秀传统文化的兴趣与热爱，同时促进亲子间的情感交流与共同成长，增强家庭凝聚力，并鼓励孩子们在活动中表达自己的想法和感受。

	活动内容	详细内容
活动设计	活动一：文化探访	乘车前往中台，由研学旅行指导师对崆峒山的历史文化进行整体介绍，徒步前往东台和北台，参观文化古迹，让孩子们了解景点背后的历史故事。
	活动二：角色扮演	研学旅行指导师给孩子们讲述广成子和黄帝的历史传说故事，并引导孩子们进行角色扮演游戏。 温馨提示：确保活动过程中孩子们的安全，家长需看护好自己的孩子。遵守景区规定，注意保护环境。
	活动三：手工体验	学习剪纸艺术，亲子共同完成剪纸手工活动，培养孩子的动手能力和创造力。 温馨提示：注意剪刀使用安全，使用时应小心谨慎。遵守活动秩序，保持活动区域整洁。

第六讲　崆峒山人文类研学课程

课程内容重点选取第一部分的第七讲。

1. 小学低年级（6~8岁）

研学主题	非遗遗韵·感悟风华	
研学目标	知识目标：初步了解崆峒山的历史文化背景和文化特色，感受其独特的自然人文风光，认识崆峒山的民俗文化，包括传统手工艺、节庆活动等。学习并体验崆峒山的传统艺术，如武术、戏曲等。 能力目标：在研学活动中，锻炼小学生独立生存生活能力，以及安全防范意识和自我保护能力。通过实践活动，还可以培养小学生的观察力、实践能力和团队合作意识。同时鼓励小学生提出问题并具有解决问题的能力。 情感目标：激发学生对崆峒山及其背后文化的兴趣和热爱，增强对家乡文化的自豪感和认同感。通过集体研学生活还可以增进师生、学生之间的情感交流，培养小学生的团队精神和集体荣誉感。	
研学内容	学科链接	人教版一到三年级学科：语文、科学、美术、综合
	课题研究	参考选题： 1. 崆峒山民俗节日探秘 2. 崆峒山民俗文化探究 3. 崆峒山民间艺术体验 出发前根据小组成员选择的研究课题，由研学旅行指导师指导细化主题，学生用图画或者文字的形式完成课题报告。
	研学拓展	研学创作展示会：鼓励学生将研学成果以绘画、手工作品等形式进行展示，分享自己的研学心得。

续表

	活动内容	详细内容
活动设计	活动一： 崆峒山实地考察	组织学生前往崆峒山古镇及中台进行实地考察，观察并记录当地的自然风光和人文景观。 温馨提示：注意安全，听从研学旅行指导师指挥，不能单独行动。遵守景区规定，注意保护环境。
	活动二： 民俗手工艺体验	学习制作崆峒山的传统手工艺品，如剪纸、拓印、简易皮影等。 温馨提示：注意安全，听从研学旅行指导师安排。
	活动三： 崆峒山传说故事会	邀请当地文化志愿者或景区讲解员讲述崆峒山的传说故事（如轩辕黄帝问道广成子、广成子得道成仙等传说故事），激发学生兴趣。 温馨提示：注意秩序，积极参与，听从研学旅行指导师指挥。
	活动四： 崆峒山社火表演	邀请当地社火表演团队进行传统社火表演。社火内容丰富多样，包括高台、高跷、旱船、舞狮、舞龙等。还可以选择较为简单的舞龙、舞狮表演，让学生参与进来。 温馨提示：注意安全，避免受伤，积极参与表演和观赏。
	活动五： 结营展示与分享	每个小组展示研究成果或手工作品，分享研学期间的学习体会与感悟，颁发结业证书。 温馨提示：注意秩序，积极参与，听从研学旅行指导师指挥。

2. 小学高年级（9~12岁）

研学主题	非遗遗韵·感悟风华
研学目标	**知识目标：**了解崆峒山的历史渊源、地理特色及文化价值。探究崆峒山的民俗文化，包括传统习俗、民间故事、手工艺等，加深对传统文化的认识和兴趣。 **能力目标：**培养学生观察自然和人文的细致能力，鼓励小学生提出问题，并通过探究解决问题，培养科学思维和批判性思维，教授学生独立解决问题的能力以及保护自己的能力，同时学会如何与同伴合作，共同完成任务的团队协作能力。 **情感目标：**通过了解崆峒山的历史文化，增强小学生对国家、民族的认同感和自豪感。举办丰富多彩的研学活动，激发小学生对自然科学、人文科学的学习兴趣。让小学生了解自己的兴趣、特长和不足，为未来的学习和生活做好准备。

续表

研学内容	学科链接	人教版四到六年级学科：语文、科学、美术、综合
	课题研究	参考选题： 1. 崆峒山民俗节日庆典 2. 崆峒山非物质文化遗产调研 3. 崆峒山的民俗文化研究 撰写开题报告，出发前根据小组成员选择的研究课题，由研学旅行指导师指导细化主题，学生自主完成课题相关素材的收集、分类和学习。
	研学拓展	学生本人参与当地文化保护项目，如协助整理文献资料、参与文化墙绘制、制作文化海报等，将学习成果回馈当地。
活动设计	活动内容	详细内容
	活动一：崆峒山文化导览	徒步游览崆峒山及崆峒古镇，实地探访所有文化遗址及文化场所，研学旅行指导师为学生深度讲解崆峒山的历史文化和人文民俗。 温馨提示：注意安全，听从研学旅行指导师指挥，不能单独行动。遵守景区规定，注意保护环境。
	活动二：崆峒山民俗手工艺体验	学习崆峒山的传统手工艺，如面塑、泥塑等。自己制作手工艺作品，并分享制作心得。
	活动三：民间故事分享会	收集并分享崆峒山的民间故事。讨论故事中的文化元素，加深对民俗文化的理解。
	活动四：文化互动与交流	与当地居民进行文化交流，了解他们的日常生活和习俗。组织学生进行文化展示，分享研学成果。 与当地人互动学习，了解并尝试学唱当地的歌谣，代表作品有《勤大嫂》《南山里野鸡红翎子》《老汉老，割百草》《十八姐担水》《送大哥》《五哥放羊》等。 温馨提示：注意秩序，积极参与，听从研学旅行指导师指挥。
	活动五：民俗节日庆典参与	如果条件允许，恰逢节日，参与当地某个重要节日庆典，体验节日习俗，感受传统文化的魅力，记录并分析其文化内涵。 温馨提示：注意安全，尊重当地民俗。

3. 初中阶段（13~15 岁）

研学主题	非遗遗韵·感悟风华	
研学目标	**知识目标**：掌握崆峒山地区的历史背景、宗教信仰与民俗文化的关联，识别并分析至少五种地方特色民俗活动。亲身体验崆峒山的民俗文化，包括传统手工艺、节庆活动等，学习崆峒山所在地区的人文民俗技艺。 **能力目标**：培养学生观察、记录和分析的能力，以及对搜集的资料进行整理、归纳和总结的能力。在集体研学过程中锻炼学生的团队协作意识以及语言表达能力。 **情感目标**：激发学生对祖国悠久历史和丰富灿烂的文化的热爱之情。增强对中华优秀传统文化的认同感，形成尊重多元文化、积极参与文化保护的社会责任感。鼓励学生相互帮助、共同进步，形成良好的人际关系。培养学生勇于探索、敢于创新的精神品质。	
研学内容	学科链接	人教版初中学科：语文、科学、历史、美术、综合
	课题研究	参考选题： 1. 崆峒山民间传说的搜集与整理 2. 非物质文化遗产调查 3. 崆峒山传统手工艺的传承与创新研究 4. 探讨现代化进程中民俗文化的变化与挑战 撰写开题报告，出发前根据小组成员选择的研究课题，由研学旅行指导师指导细化主题，学生自主完成课题相关素材的收集、分类和学习。
	研学拓展	学术讲座与研讨会：邀请民俗学者或当地文化研究者，分享最新研究成果，与学生互动交流。
活动设计	活动内容	详细内容
	活动一：崆峒山文化探访	徒步参观崆峒山，探访古迹，由研学旅行指导师为学生进行细致讲解，让学生感受崆峒山的自然与人文魅力。 温馨提示：注意安全，听从研学旅行指导师指挥，不能单独行动。遵守景区规定，注意保护环境。
	活动二：传统手工艺体验	学习并实践制作崆峒山的传统手工艺品，如剪纸、泥塑、面塑、蓝染、皮影等。 形式：分组制作，作品展示与评选。 温馨提示：注意秩序，听从研学旅行指导师指挥。

续表

	活动内容	详细内容
活动设计	活动三：民俗文化摄影大赛	以"非物质文化遗产的影像记录"或"传统节日的印记"为主题，通过手机或相机拍摄作品，展现民俗文化的魅力，增进学生对传统文化的认识与尊重，作品要求原创、高清晰、主题相关性。作品由老师和学生共同投票选出优秀作品进行展出，同时颁发优秀作品奖章。 *温馨提示：注意安全，听从研学旅行指导师指挥，不能单独行动。遵守景区规定，注意保护环境。*
	活动四：少数民族生活习俗寻访	提前和崆峒山周边农家联系，带领学生深入农家体验少数民族生活，参与少数民族的日常活动，如制作传统食物（如馓子、油香等）、学习少数民族舞蹈，感受少数民族文化的魅力。品尝当地的特色美食，如手抓羊肉、盖碗茶等。还可以与农家进行深入交流，了解他们的生活习惯、家庭结构、教育状况等，通过交流，了解少数民族的生活面貌。
	活动五：田野调查与访谈	分组进行社区田野调查，采访当地居民，收集口述历史，记录民俗故事。 *温馨提示：注意安全，尊重当地民俗和个人隐私。*
	活动六：文化保护项目设计	鼓励学生基于调研结果，设计并提出一项民俗文化保护或传承方案，进行小组汇报。 *温馨提示：注意秩序，听从研学旅行指导师指挥。*

附件：

①田野调查：指所有实地参与现场的调查研究工作，也称"田野研究"，它被公认为是人类学学科的基本方法论，也是最早的人类学方法论。田野调查涉猎的范畴和领域相当广，举凡语言学、考古学、民族学、行为学、人类学、文学、哲学、艺术、民俗等，都可透过田野资料的收集和记录，架构出新的研究体系和理论基础。

② 民俗田野调查表：

项目名称		项目类别		所在区域	
主要内容					
相关照片					
项目主要传承人基本信息					

4. 高中阶段（16~18岁）

研学主题	非遗遗韵·感悟风华
研学目标	**知识目标**：了解崆峒山的地理、历史背景、人文民俗，同时提前学习民俗学的基本理论、研究方法和当前的学术动态。掌握民俗学研究的基本方法，包括文献综述、田野调查、数据分析与报告撰写。了解非物质文化遗产保护的相关政策法规及成功案例。激发学生对民俗文化保护与创新的思考，鼓励提出解决方案，促进文化可持续发展。 **能力目标**：学会运用历史、文化、艺术等多学科知识综合分析崆峒山的人文资源。学习并实践基本的民俗技能，增强对传统文化的兴趣和实践能力。通过实地考察、访谈、调查等方式，提升高中生的实践探究能力。 **情感目标**：通过研学活动，激发高中生对传统文化的兴趣和热爱。增强文化自信，传承和弘扬中华优秀传统文化。增强环保意识，学会珍惜和保护崆峒山这一宝贵的自然和文化遗产，并增强高中生的社会责任感，关注社会发展与文化遗产保护的关系。培养高中生为社会做贡献的意识，传承和弘扬中华优秀传统文化的正能量。

续表

	学科链接	人教版高中学科：语文、历史
研学内容	课题研究	参考选题： 1. 崆峒山传统技艺的现代转型 2. 崆峒山文化旅游的开发与影响 3. 道教文化与民俗融合 撰写开题报告，出发前根据小组成员选择的研究课题，由研学旅行指导师指导细化主题，学生自主完成课题相关素材的收集、分类和学习。
	研学拓展	1. 参与相关学术论坛：组织或参与线上/线下学术论坛，与民俗专家学者深入交流，分享研究成果，以拓宽学术视野。 2. 跨文化比较研究：与其他地区或国家的民俗文化进行比较研究，理解全球化背景下的文化多样性。
	活动内容	详细内容
活动设计	活动一： 崆峒山徒步登山与文化寻踪	带领学生们徒步攀登崆峒山，研学旅行指导师沿途讲解崆峒山的历史与传说。 设置文化寻踪任务，如寻找特定的古迹、碑刻，并解读其背后的故事。 *温馨提示*：注意安全，听从研学旅行指导师指挥，不能单独行动。遵守景区规定，注意保护环境。
	活动二： 民俗手工艺制作大赛	邀请当地手工艺人现场展示剪纸、泥塑、面塑、蓝染等传统手工艺。学生分组进行手工艺制作，评选出最具创意和技艺的作品。 *温馨提示*：注意秩序，听从研学旅行指导师指挥。
	活动三： 崆峒山民间故事会	邀请当地居民和学者讲述与崆峒山相关的民间故事和传说。学生可提前准备，分享自己了解到的崆峒山故事，并进行讨论。 崆峒山神话传说示例：黄帝问道、玄鹤洞、望架山、龙须草、饮月石、钻羊洞、问道宫、二郎石、胭脂川、草窑沟、聚仙桥、崆峒钟等。

续表

	活动内容	详细内容
活动设计	活动四：民俗文化座谈会与分享会	邀请专家和学者就崆峒山的民俗文化进行专题讲座。学生分享自己在研学过程中的所见所闻所感，交流心得体会。 *温馨提示：积极发言，注意纪律。*
	活动五：民俗文化创新工坊	鼓励学生结合现代科技或设计理念，对传统民俗元素进行创意改造，展现新旧融合的文化产品。
	活动六：成果展示与反思	组织研学成果展示会，展示学生的研究报告、纪录片及展览作品，并邀请社会各界人士参与，共同进行成果反馈与深入讨论，促进学生自我反思与成长。 *温馨提示：鼓励学生自主研究，但须注重学术诚信，引用资料需准确标注出处。*

5. 亲子家庭（3~5岁小朋友的亲子家庭）

研学主题	非遗遗韵·感悟风华
研学目标	通过亲子共学的方式，让幼儿园小朋友及其家长了解和体验崆峒山地区丰富的人文民俗，传承和弘扬优秀传统文化。通过非遗手工活动，锻炼幼儿动手能力和创造力，培养他们对崆峒山以及中国传统手工艺的兴趣及尊重。

	活动内容	详细内容
活动设计	活动一：人文探索	由景区讲解员带领家长和小朋友参观游览崆峒古镇，着重介绍崆峒区域非遗文化和人文民俗。并乘车至中台观看崆峒武术表演，感受浓厚的文化氛围。 *温馨提示：确保活动过程中孩子们的安全，家长需看护好自己的孩子。*
	活动二：非遗手工	邀请非遗老师现场展示非遗手工技艺：泥塑。家长协助幼儿，亲手制作泥塑，体验传统工艺的魅力。
	活动三：戏曲表演	在崆峒古镇戏曲博物馆观赏戏曲表演，感受独特的文化体验。 *温馨提示：听从研学旅行指导师指挥，注意秩序，积极参与活动。*

第七讲 崆峒山国学类研学课程

课程内容重点选取第一部分的第九讲。

1. 小学低年级（6~8 岁）

研学主题	徜徉国学·诗韵千古	
研学目标	**知识目标：**让小学生初步了解崆峒山的历史背景和文化特色，以及在国学中的重要地位，引导学生学习并诵读崆峒山的经典诗词，培养学生对诗词的兴趣和欣赏能力，提高学生素养和审美能力。 **能力目标：**通过集体的研学活动，培养学生自理能力和解决问题的能力，在研学活动中设置小组合作任务，可以促进学生增强团队协作意识，也可以提高学生的语言表达能力和沟通能力。 **情感目标：**通过参观崆峒山，激发学生对祖国大好河山的热爱之情，让学生感受到祖国的壮丽和多彩，增强民族自豪感和自信心。并通过学习国学经典，感受传统文化的博大精深，培养对传统文化的兴趣和传承意识。	
研学内容	学科链接	人教版一到三年级学科：语文、科学、美术、综合
	课题研究	参考选题： 1. 崆峒山的诗词文化 2. 崆峒山的国学传承 3. 崆峒山自然神话故事 出发前根据小组成员选择各自的研究课题，由研学旅行指导师指导细化主题，学生用图画或者文字的形式完成课题报告。
	研学拓展	国学大讲座：邀请国学文化大师，为学生深入讲解崆峒山的国学文化，激发学生对崆峒山国学文化的兴趣。

续表

	活动内容	详细内容
活动设计	活动一：国学礼仪体验课	在弹筝湖研学旅行基地，学习古代入学礼、敬师礼等基本礼仪，举行一次小型的"开笔礼"仪式。仪式环节示意：开场致辞—正衣冠—拜先师—朱砂启智—击鼓鸣志—开笔破蒙—颁发证书—集体宣誓—结束合影。 温馨提示：注意秩序，全程听从研学旅行指导师指挥，保持安静，尊重传统文化。
	活动二：欣赏崆峒山风景	乘车至中台，在研学旅行指导师的带领下，学生徒步至东台，沿途欣赏自然风光，了解崆峒山的地理特点和历史文化。 温馨提示：注意安全，听从研学旅行指导师指挥，不能单独行动。遵守景区规定，不乱扔垃圾，注意保护环境。
	活动三：国学经典诵读会	组织学生在崆峒山中台举行国学经典诵读会，诵读有关崆峒山的经典诗词，体验传统文化的魅力。 温馨提示：注意秩序，听从研学旅行指导师安排。尊重他人，保持安静倾听。
	活动四：诗词创作与分享	引导学生根据所见所闻，创作与崆峒山相关的诗词作品，并进行分享交流，培养学生的创作能力和表达能力。 范例：《崆峒童趣》 崆峒高耸入云端，松柏青青绕山间。 童声笑语盈林谷，乐游仙境不思还。 温馨提示：鼓励学生积极参与，大胆表达自己的想法。注意活动秩序，轮流分享，尊重他人的创作成果。
	活动五：国学文化体验营	在弹筝湖研学旅行基地设立国学文化体验营，学生通过穿汉服、习书法、品茗茶等活动，亲身体验国学文化的魅力。 温馨提示：积极参与各项活动，体验国学文化的独特韵味。注意个人形象，穿着汉服时保持整洁。在书法和品茗茶活动中，听从研学旅行指导师的示范和指导。

2. 小学高年级（9~12岁）

研学主题	徜徉国学·诗韵千古
研学目标	知识目标：通过研学旅行，了解崆峒山的历史文化及其在国学中的地位，了解国学的基本概念，如儒家思想、道家思想等，并简要介绍崆峒山与这些国学思想的关联。学习国学诗词知识，通过赏析和背诵诗词增加学生的诗词积累。

续表

研学目标	能力目标：锻炼学生的集体生活能力和团结协作能力，培养学生观察自然和人文景观的能力，提高文学素养和沟通表达能力以及创新创作能力。 情感目标：培养学生对中国传统文化的兴趣与热爱，提升国学素养。通过诗词学习，让学生体验诗词中蕴含的人生哲理和智慧，树立积极、乐观、向上的人生态度。	
研学内容	学科链接	人教版四到六年级学科：语文、科学、美术、综合
	课题研究	参考选题： 1. 崆峒山国学思想研究 2. 崆峒山名人足迹追寻 3. 崆峒山古建筑和国学艺术研究 撰写开题报告，出发前根据小组成员选择的研究课题，由研学旅行指导师指导完成主题细化，学生自主完成课题相关素材的收集、分类和学习。
	研学拓展	组织一场"我眼中的国学"演讲比赛，让学生分享研学过程中的感悟与收获，锻炼公众演讲能力。
活动设计	活动内容	详细内容
	活动一： 崆峒山实地考察	组织学生乘车前往崆峒山中台，前往东台和南台实地考察山中的自然景观、古建筑、文化遗址等，感受国学文化的独特魅力。 温馨提示：注意安全，听从研学旅行指导师指挥，不能单独行动。遵守景区规定，注意保护环境。
	活动二： 国学文化讲座	邀请专家为学生讲解国学文化的基本概念、发展历程及其在崆峒山的体现，激发学生对国学文化的兴趣。
	活动三： 课题研究小组汇报	学生分组进行课题研究，每组选择一个研究方向，收集资料、实地考察、撰写报告，并在课堂上进行汇报交流。
	活动四： 国学文化体验活动	组织学生参与国学文化体验活动，如学习道家养生功法、体验传统茶艺、制作国学文化主题的手工艺品等，让学生在亲身体验中感受国学文化的博大精深。

续表

活动内容		详细内容
活动设计	活动五：国学文化主题辩论赛	举办国学文化主题辩论赛，围绕崆峒山的国学文化展开辩论，培养学生的思辨能力和语言表达能力。 辩题示例： 1. 崆峒山的文化，是应该原汁原味保留还是融入现代元素？ 2. 崆峒山的武术，是应该作为兴趣培养还是必修课程？ 3. 崆峒山的文化故事，是应该通过书籍文字传播还是多媒体展示？ 温馨提示：注意秩序，积极参与，听从研学旅行指导师指挥。

3. 初中阶段（13~15 岁）

研学主题		徜徉国学·诗韵千古
研学目标		**知识目标**：掌握国学的基本概念和基础知识，如儒释道文化等，学习有关崆峒山的国学文化和历史典故，深入了解崆峒山的历史渊源、文化特色及其在国学中的地位与影响。 **能力目标**：通过集体研学，锻炼学生独立生活自理能力和解决问题的能力。通过实践与研究，提高学生的自主探究能力、团队协作能力及创新思维能力。此外，还着重培养学生收集、整理、分析、归纳信息的能力，以及语言表达能力。 **情感目标**：通过学习崆峒山的历史与文化，激发学生的爱国情怀，增强民族自豪感。培养学生的国学素养，增强对传统文化的理解与认同。培养学生积极向上、团结协作、互助友爱的良好品质。
研学内容	学科链接	人教版初中学科：语文、历史、地理、综合
	课题研究	参考选题： 1. 崆峒山的历史演变与国学文化传承研究 2. 崆峒山文学艺术作品与国学思想研究 3. 崆峒山国学历史文化遗存调研 撰写开题报告，出发前根据小组成员选择的研究课题，由研学旅行指导师指导细化主题，学生自主完成课题相关素材的收集、分类和学习。
	研学拓展	举办古典文学创作大会：鼓励学生以崆峒山为背景，创作诗歌、短篇小说或散文，举办作品分享会。

续表

	活动内容	详细内容
活动设计	活动一：崆峒山历史文化考察	组织学生实地考察崆峒山的历史遗迹、古建筑等，通过现场讲解与观察，感受崆峒山的历史厚重与文化底蕴。 温馨提示：注意安全，听从研学旅行指导师指挥，不能单独行动。遵守景区规定，注意保护环境。
	活动二：课题研究小组汇报与交流	学生分组进行课题研究，每组选择一个研究方向进行深入探究，并在汇报会上展示研究成果，与其他小组进行交流与讨论。 温馨提示：积极讨论，注意纪律。
	活动三：传统技艺工作坊	学习并尝试制作传统手工艺品，如拓片、剪纸，体会非物质文化遗产的魅力。
	活动四：科技与传统文化融合挑战	探索如何利用现代科技手段（如APP、VR）传播和保护崆峒山国学文化，提交创意提案，如"国学崆峒"APP的功能构架、崆峒国学VR体验馆的场景构建。
	活动五：研学总结与成果展示	在课程结束前，组织学生进行总结反思，分享研学之旅的收获与体会，并展示研学成果，如课题研究报告、文化体验作品等。 温馨提示：注意秩序，积极参与，听从研学旅行指导师指挥。

4. 高中阶段（16~18岁）

研学主题	徜徉国学·诗韵千古
研学目标	**知识目标**：深度了解崆峒山历史文化内涵及主要文化特色，了解国学基础知识。深刻领悟崆峒山国学文化的核心价值及其对现代社会的启示。比较分析崆峒山国学文化与其他文化体系的异同，拓宽国际视野。 **能力目标**：运用学术方法对道教哲学、历史文献进行研究，提升学术研究能力。提高学生的沟通能力和团队协作能力，使其在研学过程中能够与他人有效合作并分享成果。激发学生将传统文化与现代科技、社会问题相结合，提升创新解决方案能力。 **情感目标**：激发学生对国学文化的兴趣和热爱，培养其对传统文化的认同感和自豪感。培养学生的责任意识和担当精神，使其能够在研学过程中积极承担责任并做出贡献。

续表

研学内容	学科链接	人教版高中学科：语文、历史、地理
	课题研究	参考选题： 1. 崆峒山国学思想在当代社会的价值研究 2. 道教哲学与现代伦理道德 3. 崆峒山自然地理与人文景观的相互关系研究 撰写开题报告，出发前根据小组成员选择的研究课题，由研学旅行指导师指导细化主题，学生自主完成课题相关素材的收集、分类和学习。
	研学拓展	国学文化主题晚会：邀请相关国学文化名人进行表演和分享，同时展示学生在研学过程中的学习成果和心得体会。
活动设计	活动内容	详细内容
	活动一：崆峒山文化考察	参观崆峒山主要文化景点，如中台、东台等，感受其独特的自然风光和人文景观。
	活动二：石碑书法艺术探究	组织学生参观崆峒山上的石碑，学习石碑上的书法艺术，拍照留存，并临摹学习，探究石碑背后的历史文化和故事，培养学生的审美能力和文化素养。 温馨提示：注意安全，听从研学旅行指导师指挥，不能单独行动。遵守景区规定，注意保护环境。
	活动三：文化遗产数字化实践	分组设计并实施一项文化遗产数字化项目，如建立虚拟博物馆或数字化档案。
	活动四：学术论文工作坊	邀请学者指导，从选题、文献综述到论文撰写，完成一篇关于崆峒山国学的研究报告。
	活动五：创新思维挑战赛	围绕如何将崆峒山国学文化融入现代生活，提出创新产品或服务设计，选出最佳创意。比如设计国学主题智能家居系列产品、打造国学文化主题餐厅等。 温馨提示：听从研学旅行指导师指挥，注意秩序，积极参与，确保学生参与度。

5. 亲子家庭（3~5 岁小朋友的亲子家庭）

研学主题	徜徉国学·诗韵千古
研学目标	通过实地探访崆峒山，让孩子们和家长感受崆峒山的自然风光和人文魅力，了解崆峒山的文化内涵，诵读诗词，赏析楹联，培养幼儿对古诗词和楹联的兴趣，感受诗词之美，激发幼儿对传统文化的热爱和尊重。

活动设计	活动内容	详细内容
	活动一：文化探访	乘车前往中台，由研学旅行指导师对崆峒山的文化内涵进行整体介绍，徒步前往东台和北台，沿途欣赏自然风光，并参观文化古迹，让孩子们了解景点背后的文化内涵。 温馨提示：确保活动过程中孩子们的安全，家长需看护好自己的孩子。遵守景区规定，注意保护环境。
	活动二：诗词诵读	组织家长和幼儿共同学习并朗诵几首关于崆峒山的古诗词，感受诗词的韵律和意境。请研学旅行指导师为家长和幼儿讲解诗词背后的故事和文化内涵，增加对诗词的理解。
	活动三：楹联创作	请研学旅行指导师为家长和幼儿介绍崆峒山的楹联文化和楹联的基本知识，如平仄、对仗等。鼓励家长和幼儿共同创作与崆峒山相关的楹联，增进亲子间的情感交流。 温馨提示：听从研学旅行指导师指挥，注意秩序，积极参与活动。

第八讲　崆峒山文化类研学课程

课程内容重点选取第一部分的第八讲和第十讲。

1. 小学低年级（6~8 岁）

研学主题	武术崆峒·领略文化	
研学目标	**知识目标：**通过实地观赏崆峒山美景和了解崆峒山的历史文化背景，使学生增长知识，开阔眼界，深刻感受中华文化的博大精深。 **能力目标：**通过集体的学习生活，增强小学生的生存生活能力和适应社会的能力，培养团队协作精神，提升人际交往和沟通能力。掌握基础的围棋知识及规则，体验对弈乐趣，培养逻辑思维能力和耐心专注力。同时，了解中华武术的起源与发展，体验武术的基本功法和招式，增强身体素质和自信心。 **情感目标：**培养学生热爱祖国、热爱自然、团结同学的情感。通过各种学习互动活动，激发学生对未知领域的好奇心和探究欲，使他们愿意主动探索和学习新知识。	
研学内容	学科链接	人教版一到三年级学科：语文、科学、美术、体育、综合
	课题研究	参考选题： 1. 崆峒山神话传说与历史遗迹 2. 围棋智慧入门 3. 中华武术初体验 出发前根据小组成员选择各自的研究课题，由研学旅行指导师指导细化主题，学生用图画或者文字的形式完成课题报告。
	研学拓展	举办武术展示会：让学生们将所学的武术动作编排成小节目，在学校或班级内展示，传播中华武术文化。

续表

活动内容		详细内容
活动设计（以武术为例）	活动一：崆峒山文化初探	参观崆峒山中台，听研学旅行指导师讲述崆峒派武术历史故事及传人故事，感受崆峒派武术文化氛围和内涵。 温馨提示：注意安全，听从研学旅行指导师指挥，不能单独行动。遵守景区规定，保护环境。
	活动二：武术基本功学习	跟随崆峒派武术师傅学习基础拳法，学习武术基本动作和招式，理解武术中蕴含的阴阳哲学思想。进行简单的武术表演练习。 温馨提示：注意安全，听从研学旅行指导师指挥，务必提前做好热身运动，避免运动伤害。
	活动三：武术招式拍照打卡	指导学生们如何拍摄出有趣、有特色的武术招式照片，鼓励学生们将照片分享至社交媒体，集满20赞可兑换崆峒山纪念品，让更多的人了解崆峒武术和此次活动。 温馨提示：注意秩序和安全，听从研学旅行指导师指挥。
	活动四：崆峒武术文化互动交流会	举办武术文化分享会，通过游戏形式互动学习。进行武术交流表演，展示学习成果。 如： 1. 崆峒拳法模仿秀 游戏目的：让学生简单模仿崆峒拳法，感受武术魅力，锻炼身体协调性和灵活性。 游戏规则：事先由专业武术教练教授几个适合学生的崆峒拳基础动作，如简单的拳法、腿法等。将学生分成小组，每组轮流上台表演，其他学生和家长作为观众给予掌声和鼓励。设立"最佳模仿奖"，增加学生的参与感和成就感。 2. 武术寻宝图 游戏目的：结合户外活动和崆峒武术元素，提升学生空间认知和团队协作能力。 游戏规则： 在一个安全的户外场地（如公园或大型庭院）设置一系列关卡，每个关卡都与崆峒武术相关，如完成一个特定的武术动作、找到隐藏的武术道具等。将学生分成小组，每组获得一张"武术寻宝图"，上面标注了各关卡的位置和完成任务的要求。学生们需要团队合作，按照寻宝图的指引完成所有关卡，最终找到"宝藏"（可以是奖品或证书）。 温馨提示：注意秩序，积极参与，听从研学旅行指导师指挥。

续表

活动设计（以武术为例）	活动内容	详细内容
	活动五：崆峒文化画报创作	制作关于崆峒山武术主题画报，展示学生的艺术表现力和创新能力。 温馨提示：鼓励创意表达，展现个人特色。

2. 小学高年级（9~12岁）

研学主题		武术崆峒·领略文化
研学目标		知识目标：通过学习实践，深度感受崆峒山的自然风貌和历史文化，初步了解围棋的起源、发展及基本规则和中华武术的起源、流派及基本特点。 能力目标：以互动体验为切口，学习围棋的基本规则和策略，培养逻辑思维和决策能力。体验中华武术的基本功法和招式，提高身体素质和自我保护能力。通过集体研学和实践，培养学生的团队生活生存能力以及团队协作精神和创新能力。 情感目标：感受祖国大好河山，感受中国悠久历史，激发学生对国家、对自然的热爱之情，促进学生身心健康、体魄强健、意志坚强。
研学内容	学科链接	人教版四到六年级学科：语文、科学、美术、体育、综合
	课题研究	参考选题： 1. 围棋对于青少年智力开发的积极作用 2. 武术对于青少年身体的积极作用 3. 崆峒山文化遗产梳理 撰写开题报告，出发前根据小组成员选择的研究课题，由研学旅行指导师指导细化主题，学生自主完成课题相关素材的收集、分类和学习。
	研学拓展	组织校级或区域性的青少年围棋联赛，提高学生的围棋竞技水平，增进青少年围棋交流与合作。
活动设计（以武术为例）	活动内容	详细内容
	活动一：崆峒山武术文化探寻	乘车到达中台，徒步游览至东台，欣赏崆峒山的自然风光，感受崆峒山文化。 分组探索、拍照记录崆峒山上的古建筑、碑刻等历史遗迹，由研学旅行指导师进行深度讲解，通过实地探访加深对崆峒山文化的认识和理解。 温馨提示：注意安全，听从研学旅行指导师指挥，不能单独行动。遵守景区规定，注意保护环境。

续表

	活动内容	详细内容
活动设计（以武术为例）	活动二：武术文化讲座与交流	邀请当地武术专家举办文化交流讲座，分享崆峒派文化的精髓。 温馨提示：积极发言，注意纪律。
	活动三：武术实战体验	学习武术的基本功和简单招式。 分组进行简单的武术擂台，培养实战技巧和逻辑思维能力。 温馨提示：注重过程体验，学会欣赏对手，形成良好的竞争与合作意识。
	活动四：武术剧场演出	学生在完成基本武术学习后，可参与编排一场以崆峒武术为主题的舞台剧，展示所学技能，让同学之间相互协作，共同演绎武术故事。 舞台剧主题示例： 1.《崆峒风云录》 主题概述：通过展现崆峒派历代武者的传奇故事，描绘出一幅波澜壮阔的武林画卷。剧中不仅展现高超的武术技艺，还深入挖掘崆峒武术背后的哲学思想和人文情怀。 2.《传承之光·崆峒新篇》 主题概述：以现代视角审视崆峒武术的传承与发展，讲述新一代武者在继承传统技艺的同时，如何勇于创新，将崆峒武术与现代元素相结合，开创出属于自己的新篇章。剧中穿插着对师徒情、兄弟情等人际关系的细腻描绘，展现武术传承中的温情与力量。 温馨提示：注意安全，听从研学旅行指导师指挥，务必提前做好热身运动，避免运动伤害。
	活动五：团队协作任务挑战	分组完成与崆峒山文化相关的任务挑战，如武术闯关游戏、武术文化问答等。组长总结任务完成情况，培养团队协作能力。 任务挑战示例： 1.崆峒武术小勇士闯关 基础功夫站：学习几个简单的崆峒武术动作，比如怎么出拳、怎么踢腿。 轻功小跳步：利用研学基地拓展设备，设置一些武术障碍。 模拟小对战：分成两队，用刚才学的武术动作，进行"PK"对决。

续表

活动内容		详细内容
活动设计（以武术为例）	活动五：团队协作任务挑战	2. 崆峒武术知识小问答 问题1：崆峒武术是哪个地方的特色武术呢？ 问题2：崆峒武术里，有一个动作看起来像是在画圆圈，你知道它叫什么名字吗？ 问题3：在崆峒武术里，为什么我们要学习"站如松，坐如钟"这样的姿势呢？ 问题4：崆峒武术有很多招式，你能说出一个你觉得很酷的招式名字吗？ 温馨提示：注意秩序，积极参与，听从研学旅行指导师指挥。

3. 初中阶段（13~15岁）

研学主题		武术崆峒·领略文化
研学目标		**知识目标**：通过研学活动，拓宽知识视野，学生能够接触更广泛的知识领域，了解崆峒山的地理地位和历史文化特色，了解围棋和武术的基本知识，联系课堂学科知识，让学生在实践中利用课堂知识，如语文表达，历史地理知识等。 **能力目标**：学习围棋的基础战略与技巧，初步提升逻辑思维和决策能力。掌握中华武术的基本技法，了解武术哲学，增强身体素质与意志品质。通过实践体验，增强团队协作与领导能力，培养批判性思维。 **情感目标**：深入探究崆峒山的历史文化渊源，让学生了解并感知传统文化的魅力，增强民族自豪感，同时激发家国情怀，培养爱国情感。
研学内容	学科链接	人教版初中学科：语文、历史、地理、综合、体育
	课题研究	参考选题： 1. 探究围棋在崆峒山的起源和发展历程 2. 崆峒山与丝绸之路的文化交流 3. 比较不同地域武术流派的发展现状，分析崆峒派武术的独特性和保护意义 撰写开题报告，出发前根据小组成员选择的研究课题，由研学旅行指导师指导细化主题，学生自主完成课题相关素材的收集、分类和学习。
	研学拓展	邀请家长参与文化沙龙活动，共同探讨崆峒山文化的传承与发展。

续表

	活动内容	详细内容
活动设计（以武术为例）	活动一：崆峒山文化探访	从中台徒步登山至皇城，参观崆峒山，探访文化古迹，由研学旅行指导师为学生进行细致讲解，让学生感受崆峒山的自然与人文魅力。 *温馨提示：注意安全，听从研学旅行指导师指挥，不能单独行动。遵守景区规定，注意保护环境。*
	活动二：崆峒山武术兵器展示与体验	展示崆峒派武术中常见的兵器，如剑、枪、棍等。教练示范兵器的基本使用方法和技巧。学生体验使用兵器进行简单动作练习。 *温馨提示：注意安全，不破坏兵器，避免在练习过程中误伤自己或他人。*
	活动三：武术体验与实战演练	由崆峒派武术传承人亲自教授基础拳法和剑法，学习武术套路与实战技巧，进行基本功训练。举办武术实战演练活动，体验武术的魅力。 *温馨提示：注意安全，听从研学旅行指导师指挥，务必提前做好热身运动，避免运动伤害。*
	活动四：崆峒山与武术文化研讨会	鼓励学生分享自己在研学过程中对武术文化的理解和感悟，讨论如何通过武术传承与发展中国传统文化。 *温馨提示：注意秩序，积极发言，听从研学旅行指导师指挥。*
	活动五：文化传承创意行动	学生团队合作，设计一款结合崆峒山武术文化元素的文化产品（如视频、海报、动画、微电影等），并在校内外推广，弘扬崆峒山文化。 *温馨提示：确保学生在活动中的参与度，发挥个人特长，培养团队协作精神。*

4. 高中阶段（16~18岁）

研学主题	武术崆峒·领略文化
研学目标	**知识目标**：通过研学活动使学生了解崆峒山文化内涵以及在中国传统文化中的地位，了解围棋、武术与崆峒山的关系，增强学生对崆峒山文化独特性的认同。

续表

研学目标	能力目标：通过实践探索，培养学生的独立思考、创新能力和团队协作能力。掌握围棋的高级战略与技巧，提升逻辑思维与全局观念。深入学习中华武术的精髓与技法，理解武术哲学，提高身体素质与自我保护能力。 情感目标：通过学习探究，激发学生对崆峒山文化的热爱和兴趣，培养学生对自然和文化遗产的尊重和保护意识以及对中华优秀传统文化的热爱与传承意识。同时还可以帮助学生树立明确的人生目标，培养积极向上的人生态度和价值观。	
研学内容	学科链接	人教版高中学科：语文、历史、地理、体育
	课题研究	参考选题： 1. 围棋文化在现代社会中的传承与创新路径研究 2. 中华武术在当代青少年教育中的推广策略与实践效果研究 3. 研究崆峒山文化旅游资源可持续发展战略，提出基于文化遗产保护视角下的合理化建议 撰写开题报告，出发前根据小组成员选择的研究课题，由研学旅行指导师指导细化主题，学生自主完成课题相关素材的收集、分类和学习。
研学内容	研学拓展	鼓励学生选择崆峒山相关的社会科学课题，例如研究崆峒山文物的保护与传承研究、崆峒派武术在现代社会的功能转型等，撰写研究报告并参加相关学术会议或竞赛。
	活动内容	详细内容
活动设计（以武术为例）	活动一：崆峒山历史文化深度探访	组织学生徒步登山，实地考察古建筑、碑刻、道教遗迹等，撰写调研报告，并尝试对现存问题提出解决方案。 崆峒山景区历史文化调研报告目录参考： ● 引言 ● 景区历史文化概况 ● 调研方法 ● 调研结果与分析 ● 建议与对策 ● 结论 温馨提示：注意安全，听从研学旅行指导师指挥，不能单独行动。遵守景区规定，注意保护环境。

续表

活动内容		详细内容
活动设计（以武术为例）	活动二：崆峒山文化论坛	邀请专家学者举办崆峒山文化讲座，深入解析其历史与文化内涵。 举办以崆峒山文化为主题的论坛，邀请学生、专家共同探讨其价值与意义。 温馨提示：注意秩序，积极发言，听从研学旅行指导师指挥。
	活动三：武术名家表演与技法学习	在专业武术老师指导下，学习基本的武术套路并进行练习巩固，熟练掌握一套完整的崆峒派武术套路。并邀请当地的武术名家进行表演与指导，展示中华武术的魅力。 温馨提示：严格执行安全规程，务必提前做好热身运动，防止意外发生和运动损伤。
	活动四：武术与健康讲座	邀请医学专家或武术教练，为学生讲解武术对身体健康的益处。引导学生认识武术与健身、养生的关系，了解如何通过武术锻炼增强体质。 温馨提示：注重活动秩序，积极发言。
	活动五：文创产品制作	研学旅行指导师为学生介绍崆峒山特色文创产品及文创产品的发展历程、文化价值，激发学生兴趣，学生参观崆峒山文创中心，根据自己的兴趣选择想要制作的文创产品，如剪纸、团扇、帆布包、钥匙扣等，指导师分发材料包，指导学生基本的制作流程和制作技巧，引导学生发挥创意，创作出既个性又能凸显崆峒山文化的文创产品。 温馨提示：注重活动秩序，鼓励学生发挥创意。
	活动六：研学成果展示与交流	学生分组进行研学成果展示，包括研究报告、视频、摄影作品等。 开展成果交流会，分享研学心得与体会，促进相互学习。 温馨提示：鼓励学生自主研究，但须注重学术诚信，引用资料需准确标注出处。

5. 亲子家庭（3~5 岁小朋友的亲子家庭）

研学主题	武术崆峒·领略文化
研学目标	通过实地参观研学，让孩子们初步了解并体验崆峒山的传统武术和围棋文化，感受中华传统文化的博大精深。促进亲子间的情感交流，让家长和孩子在共同学习的过程中增进了解，共同成长。

活动设计（以武术为例）	活动内容	详细内容
	活动一：文化探访	乘车前往中台，由研学旅行指导师对崆峒山的历史文化进行整体介绍，徒步前往东台和北台，参观文化古迹，让孩子们了解景点背后的历史故事。 温馨提示：确保活动过程中孩子们的安全，家长需看护好自己的孩子。遵守景区规定，注意保护环境。
	活动二：武术表演	邀请当地武术教练为孩子们和家长们介绍崆峒山武术的历史和特点，展示基本武术动作，进行武术表演，亲子共同学习简单的武术动作，并进行互动练习，体验武术魅力。 温馨提示：严格执行安全规程，防止意外发生。务必提前做好热身运动，避免运动伤害。
	活动三：武术游戏	设计武术接力赛趣味的亲子小游戏，在游戏中融入武术动作的元素，让孩子和家长在玩耍中感受武术的魅力。 活动示例： 分组热身：家长和孩子一起跳简单的热身舞。 规则说明：每队（家长＋孩子）需按顺序跑到标记点，完成卡片上的武术动作后返回，与下一位击掌接力。 动作教学：简短展示每个武术动作，确保孩子理解。 接力比赛：播放欢快音乐，开始接力赛。 颁奖：最快完成所有轮次的队伍获胜，颁发小奖品。 分享：简短分享游戏中的快乐瞬间。 温馨提示：积极参加，注意活动秩序和安全。遵循游戏规则，避免激烈碰撞，确保自身和他人的安全。

第九讲　崆峒山红色类研学课程

为了深化崆峒山研学课程体系的内涵与广度，我们精心策划了一系列以平凉地区丰富的红色历史为背景的红色主题研学课程，旨在通过沉浸式学习体验，让学生们在领略自然风光的同时，深刻感悟革命先烈的英勇事迹与红色文化的精神内涵。

1. 小学低年级（6~8 岁）

研学主题	红色平凉·传承精神
研学目标	**知识目标：** 初步了解平凉红色历史，认识平凉地区发生的重大革命历史事件和革命英雄人物。了解平凉地区在长征历史中的重要作用，并深刻认识到长征的艰辛历程及其伟大意义。 **能力目标：** 在游览参观活动过程中，能够观察和识别与红色历史相关的展品、遗迹等，提高低年级学生的观察识别能力，能够用简单的语言描述所了解的红色历史事件和人物，能够与同伴分享自己的学习体会和感受，提升学生的表达交流能力。通过"重走长征路"拓展实践活动，增强学生的户外生存能力和身体素质。 **情感目标：** 激发学生对平凉和祖国的热爱之情，引导学生珍惜来之不易的幸福生活，感恩革命先烈的付出。增强集体意识，通过集体活动，培养学生的团队合作精神和集体荣誉感。

续表

研学内容	学科链接	人教版一到三年级学科：语文、科学、美术、综合
	课题研究	参考选题： 1. 平凉有哪些红色革命英雄人物 2. 平凉发生了哪些红色革命故事 出发前根据小组成员选择各自的研究课题，由研学旅行指导师指导细化主题，学生用图画或者文字的形式完成课题报告。
	研学拓展	举办红色主题绘画比赛，游览活动过程中，引导学生创作以红色革命为主题的绘画作品，鼓励学生发挥想象力，用画笔描绘出他们心中的红色印记，最后评选出优秀作品，对表现优异者进行表彰。
活动设计	活动内容	详细内容
	活动一："重走长征路"	在研学旅行指导师的带领下，参与"重走长征路"户外拓展活动项目，体验红军爬雪山、过草地、过大渡河的艰难历程。
	活动二：长征小英雄集结号	学生们学习小红军，在操场上举行简单的集结仪式，感受军队的团结和纪律。 温馨提示：注意安全，听从研学旅行指导师指挥，不能单独行动。遵守研学基地规定，注意保护环境。
	活动三：红色宝藏大搜寻	在弹筝湖研学基地内设置一些与长征相关的站点，如"四渡赤水""巧渡金沙江"等。在每个站点设置一张任务卡，上面写有简单的任务，如"唱一首解放军歌曲""模仿解放军叔叔行军走路"等。任务完成，即可拿到宝藏线索，比如"穿过这个房子，找到一棵挂着红布条的树"或"左转两圈，再直行到笑脸标志处"等，根据线索找到宝藏（如图书、文具、贴纸等），完成任务最快的小组可另获得一份小奖励。
	活动四：红色故事会	研学旅行指导师提前准备一些简单易懂的长征小故事，如《小红军过草地》《少年老红军王新兰》等。 在活动现场，研学旅行指导师生动讲述这些故事，通过故事引导学生初步了解长征的艰辛和红军战士的勇敢。

续表

	活动内容	详细内容
活动设计	活动五："唱响红歌"活动	组织学生学唱经典红色歌曲，如《义勇军进行曲》《没有共产党就没有新中国》等，通过歌唱的方式，引导学生表达对红色历史的敬仰和对祖国的深切热爱。 温馨提示：注意秩序，听从研学旅行指导师指挥。

2. 小学高年级（9~12岁）

研学主题	红色平凉·传承精神	
研学目标	知识目标：认识红色文化符号，识别并记住平凉地区与红色历史相关的地名、标志物等。学习革命精神，初步理解革命先烈的英勇无畏、艰苦奋斗的精神，认识到红色精神是中华民族宝贵的精神财富。 能力目标：提高学生的信息搜集与整理能力，学生能够利用图书、网络等资源，自主搜集关于平凉红色历史的资料，并进行整理。学生能够运用所学知识，对搜集到的信息进行筛选和归纳。同时提升安全意识和自我保护能力。在研学旅行指导师的引导下，能够分析红色历史事件的意义和影响。 情感目标：弘扬革命传统，加强爱国主义教育、红色教育，在活动过程中增强学生自身的使命感。培养学生的民族自豪感，激发学生的爱国之心。引导学生学习革命前辈的团结互助精神，培养关爱他人、乐于助人的品质，形成积极向上的社会行为习惯。	
研学内容	学科链接	人教版四到五年级学科：语文、科学、美术、综合
	课题研究	参考选题： 1. 长征路上平凉的足迹 2. 红色故事传承 3. 长征精神探究 撰写开题报告，出发前根据小组成员选择的研究课题，由研学旅行指导师指导细化主题，学生自主完成课题相关素材的收集、分类和学习。
	研学拓展	1. 在参观完平凉红色主题展览后，举办"我最敬佩的革命英雄""我眼中的红色精神"等研学旅行作文比赛。 2. 鼓励学生们研学活动结束后在家中举办一场关于平凉红色历史的分享会，与家人分享他们的研学经历和收获，并与家长共同完成一张关于平凉革命进程的手抄报，内容包括历史沿革、红色精神、研学心得等，培养他们的资料整理和信息归纳能力。

续表

	活动内容	详细内容
活动设计	活动一： 红色精神 体验活动	组织学生开展模拟红军长征、重走长征路等体验活动，让学生亲身感受革命先烈的艰辛和奋斗精神。 设立红色精神体验区，通过角色扮演让学生更深入地了解红色历史。 角色扮演：根据长征历史中的不同角色（如红军战士、小战士、卫生员、炊事员、村民等），让学生自愿选择或抽签决定自己的角色。学生分组编写几个简短的剧本片段，涵盖长征中的经典场景，如四渡赤水、巧渡金沙江、强渡大渡河等，以及一些小战士的成长故事。剧本编写完成后，分组进行排练并表演。 *温馨提示：注意安全，听从研学旅行指导师指挥，不能单独行动。遵守研学基地规定，注意保护环境。*
	活动二： 红色故事 演讲比赛	邀请当地历史专家为小学生们讲述平凉红色历史的故事，鼓励学生们撰写并分享自己的红色故事。 举办红色故事演讲比赛，让学生们自己准备演讲稿，用自己的语言讲述红色故事，传承红色精神。
	活动三： 红色文化 创意非遗 制作	利用崆峒古镇的面塑、泥塑等非遗技艺，在非遗技艺传承人的参与指导下，创作与红色文化相关的手工艺品或模型。鼓励学生发挥想象力和创造力，将红色文化融入自己的作品中。 展示学生作品，评选优秀作品并给予表彰和奖励。
	活动四： "按图索骥" 长征进程 小游戏	在研学基地内，首先通过幻灯片或故事书向学生们讲述长征中的经典故事，如飞夺泸定桥、翻雪山、过草地等。随后，学生们分组进行角色扮演，模拟长征中的情景，如搀扶伤员、传递情报等，以加深对长征历史的理解和体验。
	活动五： 红色精神 传承宣言	在学习交流的基础上，学生们分组撰写红色精神传承宣言。宣言内容应体现对长征精神的理解和感悟，表达传承红色基因的决心和行动。 宣言形式可以多样化，如诗歌、散文、倡议书等。 *温馨提示：注意秩序，积极参与，听从研学旅行指导师指挥。*

3. 初中阶段（13~15岁）

研学主题	红色平凉·传承精神	
研学目标	**知识目标**：学习了解崆峒山的历史文化，包括其地理位置、自然景观、人文遗迹等。深入剖析崆峒山的历史沿革与道教文化发展的内在联系，培养学生的跨学科分析能力。 **能力目标**：通过实践活动，提升学生的团队协作能力和实践探究能力，研学过程中提出自己的独特见解和观点，对长征精神和红色文化进行深入的思考和探究，提升创新能力和表达能力。 **情感目标**：通过学习革命历史中的英雄事迹，培养学生的革命精神，包括坚定的信念、不屈不挠的斗志等。引导学生将革命精神转化为学习和生活中的动力，勇于面对困难和挑战。	
研学内容	**学科链接**	人教版初中学科：语文、历史、地理
	课题研究	参考选题： 1. 长征精神对当代中学生的启示 2. 文学与红色文化：平凉红色文学作品研究 撰写开题报告，出发前根据小组成员选择的研究课题，由研学旅行指导师指导细化主题，学生自主完成课题相关素材的收集、分类和学习。
	研学拓展	举办"我来讲平凉的红色印记"演讲比赛，让学生深入了解平凉的红色历史和长征精神，评选出优秀作品并给予表彰。
活动设计	活动内容	详细内容
	活动一："重走长征路"	根据弹筝湖研学基地条件，在红色拓展区，设计一条模拟长征路线的挑战路线，包含山路攀登、草地穿越、河流涉水等自然障碍。在路线上设置多个任务点，如寻找隐蔽的"战略物资"、解决"敌军"设置的障碍、进行"伤员救治"等，每个任务需团队协作完成。各小组按照既定路线行进，完成各项任务，同时记录团队的表现和感悟。感受中国工农红军二万五千里长征的艰难历程，让每一个学生身临其境地感受到革命者的不易。 温馨提示：注意安全，听从研学旅行指导师指挥，不能单独行动。遵守研学基地规定，注意保护环境。

续表

	活动内容	详细内容
活动设计	活动二：课题研究与讨论	学生分组进行课题研究，如"平凉红色历史人物专辑""长征路上的平凉故事"等，通过查阅资料、采访当地居民等方式收集资料，并撰写研究报告。 **温馨提示**：学会使用互联网工具，确保资料来源的可靠性。
	活动三："长征革命故事"小剧场	准备几个平凉的红色长征故事剧本，将学生们分成若干小组，每组选择一个故事进行角色扮演。学生们在研学旅行指导师的指导下，自行分配角色、准备道具和排练。 在活动现场进行表演，让学生们更加生动地了解红色历史。
	活动四：研学成果展示会	举办研学成果展示会，分享各组的探究成果和心得体会。研学旅行指导师给予专业指导和点评。
	活动五：红色知识问答竞赛	准备一系列关于平凉红色历史的问题，以抢答或轮流回答的形式进行。问题难度适中，设立奖励机制，激发学生的参与热情。 部分问题示意： 1. 基础认知类： 平凉在中国革命历史中扮演了怎样的角色？ 你能说出平凉市内至少一个与红色历史相关的著名地点吗？ 2. 历史事件类： 平凉战役是在哪个历史时期发生的？它对中国革命有何重要意义？ 简述一下红军在平凉地区进行的主要活动或战役。 3. 历史人物类： 你知道哪些著名的革命先驱或将领与平凉有密切关联？请举一例并简述其事迹。 在平凉红色历史中，有哪些女性英雄值得我们铭记？她们有哪些贡献？ 4. 精神传承类： 长征精神在平凉地区是如何体现和传承的？ 你认为作为新时代的初中生，我们应该如何学习和弘扬平凉的红色革命精神？

续表

	活动内容	详细内容
活动设计	活动五：红色知识问答竞赛	5.思考与讨论类： 在今天的社会背景下，平凉的红色历史对我们有何启示？ 想象一下，如果你是当时的一名红军小战士，在平凉面对艰难困苦时，你会如何坚持信念、克服困难？ 6.互动探索类： 班级可以组织一次"重走平凉红军路"的模拟活动，你认为应该包括哪些环节或任务？ 如果让你设计一份关于平凉红色历史的问卷，你会提出哪些问题来调查同学们的了解程度？ 温馨提示：注意秩序，听从研学旅行指导师指挥。

4.高中阶段（16~18岁）

研学主题		红色平凉·传承精神
研学目标		**知识目标**：通过参观平凉市博物馆的平凉革命历史展厅，参与弹筝湖研学基地相关的红色记忆活动，学习革命历史知识，深入了解平凉在中国革命历史中的地位和作用。 **能力目标**：在研学过程中，鼓励学生提出自己的见解和疑问，培养学生的独立思考能力和批判性思维，通过小组讨论等活动锻炼学生的应变能力和思维能力。参与"重走长征路"户外拓展活动，增强学生的身体素质，磨炼意志，陶冶情操。 **情感目标**：增强学生的国家认同感和文化自信，立志做一个铭记使命、不忘初心的新时期少年，培养学生的民族责任感和使命感。
研学内容	学科链接	人教版高中学科：语文、历史、地理、政治
研学内容	课题研究	参考选题： 1.红色精神是什么 2.分析红色精神在现代有什么现实意义 除此之外，还可自定选题。 撰写开题报告，出发前根据小组成员选择的研究课题，由研学旅行指导师指导细化主题，学生自主完成课题相关素材的收集、分类和学习。
研学内容	研学拓展	鼓励学生进行发散讨论：红色革命者们的坚定力量源自何处？作为新时代的高中生我们应该如何传承红色革命精神？

207

续表

	活动内容	详细内容
活动设计	活动一： 文献研究	通过查阅相关历史文献、档案资料、新闻报道等，了解平凉在中国革命历史中的重要地位和作用，以及革命先烈在平凉大地上的英勇斗争事迹。 *温馨提示：学会使用互联网工具，确保资料来源的可靠性。*
	活动二： 实地考察与调研	组织学生跟随研学旅行指导师进行实地考察，参观平凉市博物馆、平凉地区的革命遗址、纪念馆、烈士陵园等，亲身感受革命先烈英勇奋斗的历史场景，并记录下自己的所见所感，深入了解红色文化的内涵和价值。 *温馨提示：注意安全，听从研学旅行指导师指挥，不能单独行动。遵守规定，注意保护环境。*
	活动三： 红色文化讲座与答疑	邀请当地红色文化研究专家或资深讲解员作为主讲嘉宾。讲座内容围绕平凉红色历史、红色人物、红色事件等进行深入剖析。 *温馨提示：认真听讲，踊跃提问，注意纪律。*
	活动四： 红色主题研讨	结合实地考察和文献研究的结果，组织学生开展主题研讨活动，深入探讨平凉红色精神的时代价值和现实意义，以及如何在新时代传承和弘扬红色精神。 *温馨提示：积极参与讨论，同时倾听他人的意见，鼓励进行合理交流和互动。*
	活动五： 成果展示	将学生的研究成果以报告、PPT、视频等形式进行展示，让更多的人了解平凉的红色历史和红色精神。 *温馨提示：充分准备，明确展示，突出重点，鼓励反思与总结。*

5. 亲子家庭（3~5岁小朋友的亲子家庭）

研学主题	红色平凉·传承精神
研学目标	让幼儿园小朋友通过寻访平凉红色记忆，激发孩子对祖国的热爱和对英雄的敬仰，培养孩子的爱国主义情感。同时通过团队活动和亲子活动，增进亲子关系，培养孩子们的团队合作能力。

续表

活动内容		详细内容
活动设计	活动一：红色记忆寻访	组织亲子家庭前往平凉市博物馆参观，着重介绍平凉红色历史，让孩子们亲身体验红色文化，培养爱国主义情感。 温馨提示：确保活动过程中孩子们的安全，家长需看护好自己的孩子。
	活动二：红色故事会	邀请当地红色故事讲解员，为幼儿和家长讲述平凉地区的红色历史故事，如革命先烈的英勇事迹、红色文化的传承等，并引导孩子积极提问。 温馨提示：听从研学旅行指导师指挥，注意秩序，积极参与活动。
	活动三：红色亲子运动会	设计"红军长征接力赛"主题亲子运动活动，家长和幼儿共同参与运动会项目。 接力项目： 翻山越岭：设置攀爬网、平衡木等障碍，模拟翻越雪山、穿越密林。 草地行军：在软垫或草地上进行快速跑动，模拟草地行军。 渡河抢险：利用平衡板或小桥模拟渡河，家长与孩子需手拉手或背负前进。 传递情报：设置"情报站"，家长与孩子需合作完成密码破译、信息传递等任务。 伤员救治：模拟伤员救治场景，家长扮演伤员，孩子需用担架或背负方式将家长运送到"医疗站"。 每个家庭完成所有项目后，由下一家庭接力继续，直至所有家庭完成比赛。 温馨提示：注意安全，避免孩子在运动过程中受伤。家长需与孩子紧密合作，共同完成任务。

第十讲　崆峒山体验类研学课程

为了深化崆峒山研学课程体系的内涵与广度，充分利用崆峒山深厚的文化底蕴及弹筝湖研学基地的特色资源，特增设了系列体验式活动课程，旨在全方位提升学生的文化感知和实践能力。

1. 小学低年级（6~8岁）

研学主题	多彩崆峒·接触自然	
研学目标	**知识目标：** 认识常见农作物，了解基本的农业知识，学习简单的种植养护技能，以及动物护理的技能，认识崆峒山的文化资源，初步了解崆峒山的非物质文化遗产和武术、围棋文化。 **能力目标：** 培养独立生活的能力，学会集体生活。通过参与崆峒山武术与围棋活动，培养学生的身心素质与思维能力。在研学活动中，学会与同学合作，共同完成任务，增强团队协作能力。 **情感目标：** 通过实地观察和学习，让学生感受到大自然的神奇和伟大。了解非遗手工技艺，感受中华传统文化的魅力。激发学生对未知世界的好奇心，培养他们的探索精神和求知欲。	
研学内容	学科链接	人教版一到三年级学科：语文、美术、综合、体育
	课题研究	参考选题： 1. 自然日记 2. 非遗文化探索 3. 中华武术初体验 出发前根据小组成员选择各自的研究课题，由研学旅行指导师指导细化主题，学生用图画或者文字的形式完成课题报告。

续表

研学内容	研学拓展	研学成果展示日：在校园内组织一次成果展示，分享种植心得、非遗手工成果和武术、围棋学习成果。	
活动设计	活动内容	详细内容	
	活动一：萌宠乐园亲密接触	在研学旅行指导师的陪同下，近距离喂养小动物，了解它们的生活习性，培养爱心与责任心。 *温馨提示：注意安全和秩序，听从研学旅行指导师指挥，避免过度接触小动物以防受伤。*	
	活动二：亲子农场体验	分组认领一块小田地，学习播种、浇水、除草等基本农事操作，体验从播种到收获的乐趣。 *温馨提示：强调安全使用农具，保持田地整洁，珍惜劳动成果。*	
	活动三：非遗手工工作坊	邀请非遗传承人现场教学，如制作简易剪纸或编织，感受传统工艺的魅力。 *温馨提示：注意秩序，保持工作坊的清洁，听从研学旅行指导师指挥。*	
	活动四：崆峒武术启蒙课	由专业武术教练教授简单的崆峒武术动作，体验传统武术的精气神。 *温馨提示：提前做好热身运动，防止运动损伤。*	
	活动五：崆峒文创产品设计	介绍崆峒山文创产品的类别及文化价值，并让学生赏析崆峒山成熟的文创产品，提供白色帆布包和安全无毒的丙烯颜料画笔等材料，研学旅行指导师给学生分发崆峒山风景或文化元素图案卡片，引导学生观察并思考自己想要创作的帆布包图案，可以是崆峒山标志性景点，也可以是崆峒山常见动植物或其他文化符号。鼓励学生充分发挥想象力创作属于自己的帆布包，完成后互相展示自己的作品，并简短介绍自己的设计理念。 *温馨提示：注意保持创作区域的整洁，使用颜料时避免溅到衣物或皮肤上，听从研学旅行指导师指挥，享受创作过程。*	
	活动六：红色拓展活动	在弹筝湖研学基地的"重走长征路"红色拓展区域，进行模拟长征路体能拓展实践活动，并由研学旅行指导师给学生讲解长征故事和红军事迹，如《断肠就义红军师长》《一封血信》等。 *温馨提示：注意安全和秩序，听从研学旅行指导师指挥，积极参与活动，深刻体会长征精神。*	

2. 小学高年级（9~12岁）

研学主题	多彩崆峒·接触自然	
研学目标	**知识目标：**通过各类自然实践活动，初步了解农作物种植、小动物饲养等基本知识。并学习武术和围棋的基本规则和技巧、非遗手工技艺，感受其文化魅力，传承和弘扬中华传统文化。 **能力目标：**学习武术和围棋技艺，培养身心素质，提升逻辑思维和策略规划能力。通过集体学习生活，学会动脑探索，动手实践，以及与人合作、师生互动的习惯。 **情感目标：**亲近大自然，体验非遗文化，放松身心，开阔视野，养成尊重自然、尊重生命、热爱生活的态度和爱美情趣，同时养成在集体生活中敢于面对困难、克服困难，形成健康生活、独立生活的意识。	
研学内容	学科链接	人教版四到五年级学科：语文、美术、综合、体育
	课题研究	参考选题： 1. 崆峒山地区农业可持续发展研究 2. 非遗手工技艺在现代社会的创新发展研究 3. 武术与围棋的文化内涵及教育价值研究 撰写开题报告，出发前根据小组成员选择的研究课题，由研学旅行指导师指导细化主题，学生自主完成课题相关素材的收集、分类和学习。
	研学拓展	智能农场设计大赛：小组合作，设计一个小型智能农场模型，考虑节水灌溉、作物轮作等因素。
活动设计	活动内容	详细内容
	活动一： 亲子农场 体验之旅	参观位于弹筝湖的亲子农场，了解农场的运作模式和农作物生长情况。学生分组进行农事实践，如播种、浇水、收割等，体验小农人的日常工作。 *温馨提示：注意安全和秩序，听从研学旅行指导师指挥，正确使用农具，避免受伤。*
	活动二： 萌宠乐园 互动时光	参观萌宠乐园，认识各种可爱的小动物。学生与小动物进行互动，如喂食、抚摸等，培养爱心和责任感。 *温馨提示：注意与小动物互动时的安全。听从研学旅行指导师指挥，保持环境卫生。*

续表

	活动内容	详细内容
	活动三： 非遗手工 技艺传承课	邀请非遗传承人现场展示剪纸、泥塑、面塑、蓝染等手工技艺。学生分组进行手工制作，学习传统技艺并创作出自己的作品。 *温馨提示：注意秩序，保持工作台整洁。听从研学旅行指导师指挥，尊重并珍惜非遗传承人的教导。*
	活动四： 武术与围棋 文化体验	学习基本的武术动作和围棋规则。学生分组进行武术表演和围棋对弈，感受传统文化的魅力。 *温馨提示：提前做好热身运动，防止运动损伤。*
	活动五： 环保小卫士 行动	在农场周边进行环境清理，学习垃圾分类知识，讨论农业可持续发展策略。 *温馨提示：注意个人安全和活动秩序。积极参与讨论，提出自己的见解。*
活动设计	活动六： 重走长征路 活动	在弹筝湖研学基地的"重走长征路"红色拓展区域，进行模拟长征路拓展活动，感受老一辈革命先辈的艰辛历程。 活动流程： 1. 启程：各小组从起点出发，领取第一站的任务卡。 2. 沿途挑战： 雪山草地：通过攀爬、跳跃等动作模拟翻越雪山和穿越草地的艰难。 巧渡金沙江：利用绳索桥等道具模拟渡河，考验团队协作和平衡能力。 四渡赤水：设置多个方向选择点，需根据地图和线索做出决策，模拟战略转移。 紧急救援：模拟伤员救援，学习基本的急救知识。 粮食短缺：设置限时寻找"粮食"（如特定标记的物品）的任务，体验长征中的物资匮乏。 3. 打卡与反思：每到达一个打卡点，完成相应任务并进行简短的历史回顾和团队反思。 *温馨提示：注意安全和秩序，听从研学旅行指导师指挥。在模拟挑战中，相互帮助，共同完成任务。*

3. 初中阶段（13~15 岁）

研学主题	多彩崆峒·接触自然	
研学目标	**知识目标**：学习农业相关基础知识，了解并体验非遗手工技艺，感受传统文化的魅力，增强文化自信。学习武术和围棋等相关知识，培养身心协调能力和战略思维。 **能力目标**：体验小农人的日常生活，学习农业知识和农耕文化，培养劳动习惯和实践能力。通过团队协作和实践活动，提升沟通协作能力和创新解决问题的能力。 **情感目标**：走进自然，走进社会，接触更多实践活动，缓解学业紧张和压力，促进身心健康全面发展。学会发现和欣赏大自然和社会中的美，培养刻苦耐劳和抗挫折的精神和能力，形成积极劳动和健康生活的习惯。主动适应社会，促进书本知识和生活经验的深度融合。	
研学内容	学科链接	人教版初中学科：语文、历史、美术、综合、体育
	课题研究	参考选题： 1. 农业发展与生态保护研究 2. 非遗手工技艺的传承与创新研究 3. 武术与围棋在青少年成长中的积极作用研究 撰写开题报告，出发前根据小组成员选择的研究课题，由研学旅行指导师指导细化主题，学生自主完成课题相关素材的收集、分类和学习。
	研学拓展	科技企业参访：访问现代农业科技公司或研发中心，了解最前沿的农业科技。
活动设计	活动内容	详细内容
	活动一： 崆峒山农场 体验活动	学生分组管理农田，进行农作物的种植和收割。学习动物饲养知识，参与喂养家禽家畜。举办农场丰收节，体验收获的喜悦。 农场丰收节流程： ● 将学生分为若干小组，每组分配一名指导老师，并领取当天的任务卡（如采摘、种植、制作农产品等）。 ● 学生根据任务卡上的指示，分组进行农作物采摘，如玉米、西红柿、黄瓜等。 ● 每组采摘后，将成果称重并记录，作为后续评比的一部分。

续表

	活动内容	详细内容
活动设计	活动一：崆峒山农场体验活动	• 指导学生利用采摘的农作物进行简单创意加工，如制作果酱、蔬菜沙拉、玉米饼等。 • 各组在指定区域设立"丰收市集"，展示自己的农产品和手工艺品，进行售卖或交换。 • 根据采摘量、创意展示、团队合作等方面评选出优秀小组和个人，颁发证书和奖品。 *温馨提示：注意安全和秩序，听从研学旅行指导师指挥，正确使用农具，避免受伤。*
	活动二：非遗手工技艺体验活动	邀请非遗传承人现场展示并教授传统手工艺制作。学生动手制作非遗手工艺品，感受传统技艺的魅力。举办手工艺品展示会，交流学习成果。 *温馨提示：注意秩序，保持工作区域整洁，听从研学旅行指导师指挥，尊重并珍惜传统技艺的学习机会。*
	活动三：武术精神修炼营	参加由崆峒派武术传承人指导的武术训练，理解武术与身心修养的关系。 *温馨提示：提前做好热身运动，防止运动损伤。*
	活动四：围棋思维挑战赛	参与围棋策略挑战赛，通过实战提升决策分析能力。 围棋策略挑战赛流程： • 围棋老师为学生进行基础知识普及，简要介绍围棋的起源、基本规则、棋盘布局、气与眼等基础知识。 • 指导学生实战学习后，根据学生水平分组，每组4~6人，进行循环或淘汰赛。 • 鼓励学生运用所学的基本策略，如"金角银边草肚皮""三三、星位、目外、高目"等开局策略，以及"劫、眼、形"等中盘战术。 • 获胜学生组队，进行一些团队任务，如"共同布局挑战""最快形成眼位""解围救援"等，考验团队的合作与策略制定能力。 • 设立"最佳策略奖""团队协作奖""进步之星"等奖项，鼓励学生的表现。 *温馨提示：注意秩序，保持比赛场地的安静，听从围棋老师和研学旅行指导师的指挥，尊重对手，遵守比赛规则。*

续表

	活动内容	详细内容
活动设计	活动五：重走长征路拓展活动	在研学基地红色拓展区域，设计重走长征路活动，深刻感受革命先辈们的伟大精神，从而培养学生的爱国主义精神。 温馨提示：注意安全和秩序，听从研学旅行指导师指挥，积极参与活动，深刻体会长征精神的内涵。
	活动六：研学总结与分享活动	学生分享研学期间的所见所闻和所感所悟。整理研学成果，形成研学报告或研学手册。举办研学成果展示会，向学校和社会展示研学成果。 温馨提示：鼓励学生积极分享，注重分享内容的真实性和深度。在整理研学成果时，要注重学术诚信，引用资料需准确标注出处。

4. 高中阶段（16~18岁）

研学主题	多彩崆峒·接触自然	
研学目标	知识目标：掌握现代农业科技基础知识，理解生态农业与可持续发展的理念。了解崆峒山的非物质文化遗产，学习崆峒武术、围棋等相关知识，探索其在现代社会的创新应用。 能力目标：通过农场管理实践活动，提高解决实际问题的能力和团队协作技巧。面对真实复杂的社会化的问题，能够运用所学的基本理论和知识，自主发现、分析和解决问题，完成研学成果的创作、展示和推广，培养科学态度和创新精神，提升实践意识和能力。 情感目标：增强环境保护意识，树立可持续发展观念，为社会可持续发展贡献力量。学会在自然考察和社会调查中认知国情国力、国家发展前景和问题，形成热爱祖国、成为社会主义事业接班人的高尚情操和人生观，培养集体主义和勇于担当的精神，有意识、有能力取得解决现实问题、为社会发展做贡献的社会责任感。	
研学内容	学科链接	人教版高中学科：语文、历史、体育、地理
	课题研究	参考选题： 1. 非遗文化的现代表达 2. 可持续农业模式探索 3. 生态农场经济效益与社会影响评估 撰写开题报告，出发前根据小组成员选择的研究课题，由研学旅行指导师指导细化主题，学生自主完成课题相关素材的收集、分类和学习。
	研学拓展	模拟创业计划：基于课题研究成果，分组制订一个生态农场或非遗文化项目的商业计划书。

续表

	活动内容	详细内容
活动设计	活动一：崆峒文化之旅	徒步登山，全面游览崆峒山，参观所有的文化遗迹及景点，由研学旅行指导师进行深度讲解，了解崆峒山的历史文化，培养学生对传统文化的兴趣。 温馨提示：注意安全和秩序，听从研学旅行指导师指挥，穿着合适的登山鞋和服装。
	活动二：农场实践体验	分组进行农事实践，如耕地、播种、施肥、浇水等。掌握基本的农耕知识，体验农场生活。萌宠喂养及亲密接触。 温馨提示：注意秩序，听从研学旅行指导师指挥，正确使用农具，确保个人安全。
	活动三：现代农业技术讲座	邀请农业专家讲解现代农业技术及应用案例。了解现代农业发展趋势，拓宽学生视野。 温馨提示：保持会场安静，认真听讲，积极提问。
	活动四：智慧围棋对弈	围棋老师介绍围棋棋盘上的纵横线、交叉点以及"星位"和"天元"等特殊位置。展示并让学生触摸围棋棋子，了解黑白两色的区别，讲解围棋的基本规则，包括执黑先行、轮流下子、落子无悔、气与眼等概念。可以通过简单的例子和演示，帮助学生理解这些规则。将学生分成若干小组，每组两人进行对弈。教师或助教在旁指导，确保每位学生都能参与到实战中。 温馨提示：注意秩序，尊重对手，保持棋盘整洁。
	活动五：环保型农场建设方案大赛	分组设计环保型农场建设方案，并进行展示与评选。培养创新思维，增强环保意识。 温馨提示：确保学生在活动中的参与度，发挥个人特长，培养团队协作精神，注意方案的可行性和环保性。
	活动六：崆峒文创产品制作	参观崆峒山文创中心，了解崆峒山文创产品类别和所蕴含的文化价值后，分组针对自己感兴趣的文创产品，进行独立创作设计，指导师提供相应的材料包（白色帆布包、空白团扇、福牌等材料及画笔颜料、雕刻刀等），设计制作完成后，进行展览，并邀请全员投票，选出优秀作品，进行设计理念和创意说明。 温馨提示：充分发挥个人创意，注意活动秩序，听从研学旅行指导师安排，注意使用工具的安全。

续表

活动设计	活动内容	详细内容
	活动七：未来农业论坛	举办学生论坛，展示研究成果，就未来农业发展趋势、技术创新与文化传承展开讨论。 温馨提示：积极发言，注意纪律，尊重他人观点。

5. 亲子家庭（3~5岁小朋友的亲子家庭）

研学主题	多彩崆峒·接触自然
研学目标	通过自然观光及各种体验活动，让孩子们更加亲近自然，了解动物的习性和植物的生长过程，同时锻炼孩子们的动手能力，增加家长与孩子的互动和沟通，进一步巩固亲子关系。

活动设计	活动内容	详细内容
	活动一：崆峒观光	组织亲子家庭乘车前往崆峒山，重点游览中台区域，进行自然观光，让孩子们在大自然中放松身心，感受自然之美。之后前往崆峒山文创中心参观，了解崆峒山文创产品的设计理念和背后的文化故事。 温馨提示：听从研学旅行指导师指挥，遵守活动秩序。在游览过程中，请家长注意看护好自己的孩子，确保安全。
	活动二：萌宠乐园	幼儿园小朋友在萌宠乐园中近距离观察和了解各种小动物，通过喂食、抚摸等互动环节，增进对动物习性的认识，同时培养孩子们的爱心和责任感。 温馨提示：请家长引导孩子正确与动物互动，避免过度惊扰或伤害动物。
	活动三：亲子农场	亲子家庭一起合作种植蔬菜、水果等农作物，从翻土、播种到浇水、施肥，让孩子亲身体验劳动的乐趣和艰辛，同时增进家庭成员之间的合作与默契。 温馨提示：在农场活动中，请家长注意安全，确保孩子正确使用农具，避免发生意外。同时，鼓励孩子积极参与，体验劳动的价值。

第十一讲　崆峒山身心健康类研学课程

为了深化崆峒山研学课程体系的内涵与广度，充分利用崆峒山深厚的文化底蕴及弹筝湖研学基地的特色资源，精心增设了系列身心健康主题的研学课程，旨在全方位提升学生身心健康水平。

1. 小学低年级（6~8 岁）

研学主题	自然疗愈·身心成长	
研学目标	知识目标：初步了解崆峒山的基本概况，领略自然风光和人文魅力。感受武术、围棋等传统文化魅力，增进文化认同感。通过性格测试与拓展活动，帮助学生认识自我，促进个性发展。学习简单的自我情绪识别方法和健康的情绪表达方式。 能力目标：通过集体研学活动，学会适应社会，提高自理能力。通过户外活动提升学生的身体素质和团队协作能力。通过心理知识认知和情绪管理技巧学习，帮助小学生学会调节情绪，保持积极的心态。 情感目标：通过研学活动，使小学生认识到身心健康是个人成长的基础，培养他们关注自身健康、关心他人健康的意识。激发小学生热爱自然，热爱运动，热爱生活的情感。	
研学内容	学科链接	人教版一到三年级学科：语文、美术、综合、体育
	课题研究	参考选题： 1. 认识自我 2. 青少年的身心健康 3. 自然与身心健康的关系 出发前根据小组成员选择的研究课题，由研学旅行指导师指导细化主题，学生用图画或者文字的形式完成课题报告。

续表

研学内容	研学拓展	心理健康工作坊：邀请儿童心理专家，给小学生进行心理测评，教授情绪管理与人际交往技巧。
活动设计	活动内容	详细内容
	活动一： 崆峒山自然 探索之旅	在研学旅行指导师带领下，在中台、南台区域进行安全有趣的登山活动，沿途欣赏自然风光，观察动植物。 温馨提示：注意安全，听从研学旅行指导师指挥，不能单独行动。遵守景区规定，注意保护环境。
	活动二： 性格色彩 小测试	通过互动游戏，进行性格测试，帮助孩子了解自己的性格特点和类型，促进自我全面认知。 互动游戏建议： 游戏描述：通过设定不同的场景和角色，让学生扮演不同的角色，观察他们在游戏中的表现和选择，从而了解他们的性格特点。 操作方式：设计几个简单的场景，如超市购物、公园野餐、学校课堂等。 为每个场景设定不同的角色，如家长、孩子、老师、同学等。 让学生自由选择或抽签决定扮演的角色。 观察并记录学生在游戏中的表现和选择，如沟通方式、决策过程、情绪反应等。 游戏结束后，与学生一起讨论他们的表现和选择，引导他们认识自己的性格特点。 温馨提示：积极参与，展示真实的自我，注意纪律，尊重他人测试结果。
	活动三： 攀爬拓展 挑战	在弹筝湖研学基地设置安全设备完备的体能拓展基地，可以让学生进行攀爬拓展活动，锻炼勇气与团队协作能力。 温馨提示：注意安全和秩序，听从研学旅行指导师指挥。
	活动四： 武术启蒙 体验	参加由崆峒派武术传承人设计的趣味武术课程，学习基本招式，体验武术精神。 温馨提示：认真听讲，积极参与，尊重传承人。
	活动五： 围棋智慧 小擂台	分组进行围棋启蒙教学后，举行友好比赛，培养逻辑思维与策略意识。也可进行较简单的五子棋对战赛。 温馨提示：注意秩序，听从研学旅行指导师指挥。

续表

活动设计	活动内容	详细内容
	活动六：自然艺术工坊	利用自然材料（如树叶、石头）进行创意艺术制作，激发创造力，培养审美能力。 温馨提示：充分发挥想象力，注意使用工具的安全，保持工作区域整洁。

2. 小学高年级（9~12岁）

研学主题	自然疗愈·身心成长	
研学目标	知识目标：了解崆峒山的自然和人文概况，同时学习武术与围棋的基础知识。初步了解情绪的种类和表达，学习基本的情绪管理方法。了解基本的健康常识，如身体各器官的功能、运动对身体的好处等。 能力目标：培养良好的生活习惯，学会应急处理能力和团队合作能力。通过户外活动增强体魄，培养积极向上的心态和应对挑战的能力。通过性格测试与团队活动，增进自我认知，提升社交能力。通过体验崆峒武术与围棋，深入理解中华传统文化，并尝试运用创新思维解决实际问题。 情感目标：树立"健康第一"的观念，认识到身心健康对个人成长的重要性。培养关注自己和他人健康的意识，形成积极的生活态度。培养积极应对挫折和困难的能力，保持乐观向上的心态。	
研学内容	学科链接	人教版四到六年级学科：语文、美术、综合、体育
	课题研究	参考选题： 1. 登山与身心健康的关联研究 2. 围棋对于青少年的性格塑造是否有帮助 3. 性格心理学 撰写开题报告，出发前根据小组成员选择的研究课题，由研学旅行指导师指导细化主题，学生自主完成课题相关素材的收集、分类和学习。
	研学拓展	亲子性格测试与心理成长：运用性格测试工具，邀请家长参与，帮助学生和家长共同认识自我，通过心理辅导和团队活动，促进学生心理成长，增进家庭成员间理解。

续表

	活动内容	详细内容
活动设计	活动一：山地生态探索行	在专业讲解员的带领下，在崆峒山中台、东台区域进行安全的登山活动，沿途观察自然景观，体验登山乐趣，磨炼意志品质，疗愈身心。 温馨提示：注意安全，听从研学旅行指导师指挥，不能单独行动。遵守景区规定，注意保护环境。
	活动二：武术修行体验营	跟随崆峒武术师傅，学习武术基础动作与呼吸吐纳，体验武术精神。
	活动三：攀岩与团队拓展	在专业教练指导下，进行攀岩挑战与团队合作游戏，增强个人身体素质和团队协作能力，培养勇气与自信。 温馨提示：注意安全和秩序，听从研学旅行指导师指挥。
	活动四：性格色彩活动	通过性格测试与小组讨论，认识自我，学习如何与不同性格的人相处。 性格测试示例： 小小探险家性格测试 目的：通过模拟探险情境，了解小学生的偏好和性格特点。 测试内容： 出发前的准备： 你会选择带上什么作为你的探险伙伴？ A. 一只忠诚的小狗 B. 一本详细的地图 C. 一袋美味的零食 这个选择反映了你在面对新挑战时，是更倾向于依赖伙伴（A）计划性（B）还是享受过程（C）。 遇到难题时： 你发现前方有一条未知的小路，你会怎么做？ A. 直接冲过去看看 B. 停下来仔细观察并考虑是否继续前进 C. 回去找其他探险者商量 这个选择揭示了你在面对困难时的态度，是勇敢直前（A）谨慎思考（B）还是寻求合作（C）。

续表

活动内容		详细内容
活动设计	活动四：性格色彩活动	发现宝藏： 你和队友发现了一箱宝藏，但只能带走一样东西，你会选择？ A. 闪闪发光的金币 B. 一本古老的魔法书 C. 一件精美的工艺品 这个选择反映了你的价值观，是物质追求（A）知识探索（B）还是审美偏好（C）。 返回营地： 探险结束后，你需要选择一条路线返回营地，你会？ A. 选择最快但可能最危险的路 B. 选择最安全但可能最慢的路 C. 找一条既不太快也不太慢，感觉舒适的路 这个选择展示了你在日常生活中的决策风格，是追求效率（A）安全第一（B）还是寻找平衡（C）。 结果分析： 对于每个问题的选择，研学旅行指导师可以简单解释其对应的性格特点，并鼓励学生讨论为什么自己会做出这样的选择。重要的是让学生理解，每个人的性格都是独一无二的，没有绝对的好坏之分，只是在不同情境下会有不同的表现。 通过这个测试，学生可以更加了解自己的性格特点，并学会欣赏和尊重他人的不同。 *温馨提示：积极参与讨论，注意倾听他人观点，同时遵守活动纪律。*
	活动五：智慧围棋对决	参加围棋大师课，学习布局策略，组织小型围棋比赛，锻炼策略思维。 *温馨提示：注意秩序，听从研学旅行指导师指挥，尊重对手。*

3. 初中阶段（13~15岁）

研学主题		自然疗愈·身心成长
研学目标		**知识目标**：了解崆峒山的地理、历史、文化知识，并掌握登山安全知识及户外生存技能。让学生了解身心健康的基本概念，包括身体健康和心理健康的定义、重要性及相互关系。加深学生对身心健康与学业、生活、社交等方面关系的理解，认识到身心健康对个人全面发展的重要性。 **能力目标**：通过户外运动增强体质，锻炼意志力，提升抗压能力及户外生存能力。在团队活动中锻炼沟通协调与领导能力，增进自我认知。借助围棋等文化活动，培养学生的逻辑思维和策略规划能力。 **情感目标**：引导学生反思自我，认识自我，实现身心成长，增强青少年心理健康。增强学生的家庭责任感和社会责任感，认识到个人健康对家庭和社会的影响。培养学生的感恩心态和奉献精神，珍惜生命、关爱他人、回馈社会。
研学内容	学科链接	人教版初中学科：语文、综合、体育
	课题研究	参考选题： 1. 围棋战略与艺术 2. 武术与身体力学 3. 性格心理学 撰写开题报告，出发前根据小组成员选择的研究课题，由研学旅行指导师指导细化主题，学生自主完成课题相关素材的收集、分类和学习。
	研学拓展	心灵成长小组活动：分组进行心灵成长小组活动，通过角色扮演、情景模拟等方式，让学生探讨和分享在成长过程中的心理困惑和应对方法，培养积极健康的心态，促进彼此间的理解和支持。
活动设计	活动内容	详细内容
	活动一：崆峒山徒步挑战	学生们分组进行崆峒山的徒步挑战，沿途观察并记录自然生态和人文景观，同时体验团队合作和户外生存技能。 *温馨提示：注意安全，听从研学旅行指导师指挥，不能单独行动。遵守景区规定，注意保护环境。*
	活动二：武术修炼与心灵成长	在专业武术老师指导下，学习崆峒武术，体会身心合一。 *温馨提示：注意安全和秩序，听从研学旅行指导师指挥。*

续表

活动内容		详细内容
活动设计	活动三：性格工作坊与领导力培训	通过性格测试分析个人特质，参与领导力角色扮演与团队建设活动。 成长探索性格测试示意： 一、社交风格 在新的班级环境中，你更倾向于： A. 主动与周围人交谈，快速建立友谊 B. 观察一段时间，再决定与谁交往 C. 保持低调，主要和已经认识的朋友在一起 二、决策方式 当面临重要决定时，你通常： A. 迅速作出决定，相信自己的直觉 B. 权衡利弊，考虑多种可能再决定 C. 寻求家人或朋友的意见，再作出决定 三、学习态度 在学习上，你更倾向于： A. 主动学习新知识，喜欢挑战难题 B. 扎实掌握基础知识，确保稳定进步 C. 通过实践和应用来加深理解 四、情绪管理 当你感到压力或沮丧时，你通常会： A. 找人倾诉，寻求支持 B. 独自思考，寻找解决问题的方法 C. 参与运动或娱乐活动，放松心情 五、创造力与想象力 在空闲时间，你更喜欢： A. 阅读科幻小说或观看奇幻电影，激发想象力 B. 动手制作或创造一些新事物 C. 分析、讨论或辩论一些有趣的话题 结果分析： 社交风格：揭示你在社交场合中的行为模式和偏好。 决策方式：反映你处理问题和做出决策的风格。 学习态度：揭示你在学习过程中的偏好和策略。 情绪管理：展示你面对压力和情绪时的应对方式。

续表

	活动内容	详细内容
活动设计	活动三：性格工作坊与领导力培训	创造力与想象力：体现你在创造性思维和想象力方面的倾向。 领导力角色扮演与团队建设活动示意： 为学生提供一个真实的或模拟的领导情境，让他们在其中扮演角色，体验领导过程。场景示例：学校活动策划、班级管理、团队项目执行等。 根据学生的性格测试结果和兴趣，分配适合他们的角色。 确保每个角色都有其独特的挑战和领导机会。 鼓励学生尝试不同的角色，以拓宽他们的领导经验。帮助学生从角色扮演中学习和成长。 角色扮演结束后，组织学生进行反思讨论。 *温馨提示：积极发言，注意纪律。*
	活动四：攀岩与团队协作挑战	在弹筝湖研学基地的体能拓展基地内进行专业攀岩训练，通过团队攀岩项目提升团队合作与信任。 *温馨提示：注意安全和秩序，听从研学旅行指导师指挥。*
	活动五：围棋策略与智慧挑战赛	通过系统培训，参与模拟或真实围棋比赛，理解策略与心态的重要性。 *温馨提示：注意秩序，听从研学旅行指导师指挥，尊重对手，享受比赛过程。*

4. 高中阶段（16~18岁）

研学主题	自然疗愈·身心成长
研学目标	**知识目标**：深度了解崆峒山的自然资源和人文资源，掌握登山安全知识与户外生存技能、身心健康与性格测试基础知识。理解身心健康与学习效率、职业发展、人际关系等长远目标的关系，明确健康对个人发展的重要性。 **能力目标**：通过户外运动和自然观光，增强身体素质，提升心理韧性，以减轻学习压力。增强高中生的团队协作能力，通过集体活动和小组讨论培养合作精神。 **情感目标**：自我探索与成长，通过性格测试和心理咨询，促进自我认知，明确个人发展目标。深度体验传统文化，深入学习崆峒武术和围棋，理解中华传统文化的精髓与现代价值。增强高中生的社会责任感，培养家庭责任感，意识到个人健康对家庭和社会的贡献。培养高中生的感恩心态与奉献精神，关注他人健康，传递正能量。

续表

研学内容	学科链接	人教版高中学科：语文、体育
	课题研究	参考选题： 1. 性格测试与自我认知 2. 武术与现代体育教育结合 3. 如何减轻学习压力 撰写开题报告，出发前根据小组成员选择的研究课题，由研学旅行指导师指导细化主题，学生自主完成课题相关素材的收集、分类和学习。
	研学拓展	心理健康讲座：邀请心理学专家，开展心理健康教育，学习压力管理技巧。
活动设计	活动内容	详细内容
	活动一：挑战极限登山之旅	组织高强度登山活动，结合自然观察与环保教育，培养坚韧不拔的意志。 *温馨提示：注意安全，听从研学旅行指导师指挥，不能单独行动。遵守景区规定，注意保护环境。*
	活动二：武术与冥想休养	在自然环境中练习崆峒武术，结合冥想放松，达到身心合一的境界。
	活动三：攀岩与自我超越	进行专业攀岩训练，挑战自我极限，增强自信心与解决问题的能力。 *温馨提示：注意安全和秩序，听从研学旅行指导师指挥。*
	活动四：围棋哲学研讨会	举办围棋对弈与讨论会，在专业围棋老师的指导下，学习围棋基本策略。然后进行对战练习，老师对学生的棋局进行分析，通过实战和讨论，领悟围棋策略与人生哲理的相通之处。
	活动五：性格与领导力讨论会	运用专业性格测试工具，分析个人性格类型，探讨领导风格与团队角色。 选择一种适合高中生的专业性格测试工具（如 MBTI 简化版），解释其原理、维度和测试结果的意义。学生在规定时间内独立完成测试。根据测试结果，将学生分为不同性格类型的小组。每组选一名代表，结合测试报告和参考资料，介绍该性格类型的特点、优势、挑战及可能的领导风格。引导学生思考自己的性格类型如何影响领导风格，讨论不同领导风格的优缺点。鼓励学生根据讨论结果，制订个人性格发展、领导力提升和团队角色适应的计划。 *温馨提示：积极参与讨论，尊重他人观点，注意纪律。*

5. 亲子家庭（3~5岁小朋友的亲子家庭）

研学主题	自然疗愈·身心成长	
研学目标	让孩子们亲身感受崆峒山的自然风光，激发他们对大自然的好奇心和探索欲望，亲子家庭共同身心放松，缓解日常压力，促进身心健康。通过一系列的亲子互动活动，增进亲子之间的感情和信任。通过研学活动，让孩子们在亲近自然的同时，也学习到珍贵的生活技能和情感价值。	
活动设计	活动内容	详细内容
	活动一：崆峒漫步	组织亲子家庭乘车前往中台，并进行游览观光，沿途观赏动植物和人文景点，在大自然中浸润心灵。
	活动二：亲子拓展	在弹筝湖研学基地的体能拓展区域，举行亲子拓展活动，通过体能活动，增强幼儿体质的同时还可以增进亲子之间的默契与信任。 温馨提示：注意安全和秩序，听从研学旅行指导师指挥。确保活动过程中孩子们的安全，家长需看护好自己的孩子。
	活动三：亲子测试	家长和孩子共同填写亲子心理测试，评估幼儿情绪管理能力以及亲子关系，针对测试结果，为家长和儿童提供有针对性的心理健康教育和家庭教育指导建议。 亲子心理测试题示例： 1.我会经常和孩子进行肢体上的互动，如摸头、轻拍、击掌、拥抱等。 A.总是　B.经常　C.有时　D.很少 2.我认为孩子的快乐生活比好成绩更重要。 A.完全符合　B.大部分符合　C.不确定　D.不太符合 E.完全不符合 3.孩子会主动和我分享各种事情，包括校内外的经历和内心感受。 A.总是　B.经常　C.有时　D.很少　E.从不 4.我对孩子的承诺，必定会忠实履行。 A.总是　B.经常　C.有时　D.很少　E.从不 5.我对孩子的要求，自己会身体力行，做到以身作则。 A.完全符合　B.大部分符合　C.不确定　D.不太符合 E.完全不符合 6.即使孩子犯错，我也不会轻易认定他是坏孩子，而是会耐心引导。 A.总是　B.经常　C.有时　D.很少　E.从不

续表

活动内容		详细内容
活动设计	活动三：亲子测试	7. 亲子关系有冲突时，我会尝试从多个角度理解问题，不单方面认为是孩子的错。 A. 完全符合　B. 大部分符合　C. 不确定　D. 不太符合 E. 完全不符合 8. 与孩子交谈时，我尽量避免使用命令式或威胁性的语言。 A. 总是　B. 经常　C. 有时　D. 很少　E. 从不 9. 我深知孩子内心的喜好与厌恶，并尽量尊重他的个性。 A. 完全符合　B. 大部分符合　C. 不确定　D. 不太符合 E. 完全不符合 10. 孩子在外面和别人有矛盾时，回来后会主动和我分析原因。 A. 总是　B. 经常　C. 有时　D. 很少　E. 从不 如果父母和孩子在多个问题上选择A或B选项，说明亲子关系较为融洽；如果多选C、D或E，则可能需要关注并改善亲子关系。 亲子关系的改善需要双方共同努力和持续沟通。建议您与孩子多进行情感交流，倾听孩子的想法和感受，共同营造和谐、温馨的家庭氛围。 温馨提示：听从研学旅行指导师指挥，认真填写测试问卷，保持测试环境的安静与专注。 请家长和孩子认真填写每一项问题，测试结果将作为我们后续指导和建议的重要依据。记住，无论结果如何，最重要的是双方能够坦诚面对，共同努力改善亲子关系。

参考：课题研究开题报告范例（以崆峒山地理类研学课程——解密山语·探索崆峒，小学高年级为例）

课题题目：崆峒山丹霞地貌的成因与演化过程研究

课题背景说明：在遥远的甘肃省平凉市，有一座神奇的山——崆峒山。这座山不仅风景如画，还藏着一个大自然的秘密——丹霞地貌。丹霞地貌就像是大自然用彩色画笔在山上画出的美丽图画。我们的小小科学家团队就要一起去探索崆峒山丹霞地貌的成因和演化过程。

课题研究目的与意义：我们要知道什么是丹霞地貌，它有哪些特点，并

深入了解崆峒山丹霞地貌的具体成因。我们要去寻找答案。丹霞地貌不是一成不变的，我们要看看它是怎么随着时间慢慢变化的。学习后，我们要懂得保护这些美丽的自然遗产，让它们永远美丽下去。

预期结果：通过研学考察，我们将学习到丹霞地貌的特点及其形成过程。

研究方法：查阅资料、实地考察、小组讨论

活动计划：

（一）任务分工

1.×××同学负责查阅丹霞地貌的成因资料

2.×××同学负责查阅演化过程资料

3.×××同学负责整理汇总资料

（二）活动步骤

1.小组同学共同讨论课题题目，各自查阅收集有关资料。

2.跟随研学旅行队伍进行实地考察。

3.整理收集的资料和实地考察结果，进行小组讨论。

4.对课题进行总结分析，形成详细的研究报告，向同学们分享学习心得。

总结：通过本次研学活动，我们不仅学到了丹霞地貌的知识，还学会了如何运用科学方法去探究自然奥秘。我们深刻认识到，崆峒山丹霞地貌是大自然赋予我们的宝贵财富，需要我们共同去珍惜和保护。同时，我们也感受到了团队合作的力量和乐趣，为今后的学习和生活打下了坚实的基础。

教师评语：同学们，你们的研学开题报告展现了极高的热情和认真的态度。从研究背景的引入到研究目的的明确，再到研究内容与方法的具体阐述，都体现了你们对丹霞地貌这一自然现象的深刻理解和浓厚兴趣。你们不仅掌握了查阅资料、小组讨论等基本研究技能，还能够在研究中发现问题、提出见解，这是非常难能可贵的。希望你们在接下来的研究过程中继续保持这种热情和探索精神，不断深化对崆峒山丹霞地貌成因与演化过程的理解。同时，也期待你们能够在班级汇报中展现出自己的研究成果和风采。加油！

第十二讲　崆峒山研学旅行路线及内容建议

本讲内容以小学生高年级为例,分为十大类介绍如下。

1. 地理类

该部分内容重点选取第一部分第一讲,课程详情请参考第二部分第二讲。

地理类一日游

08:30-09:00	集合签到,研学旅行指导师讲解活动注意事项
09:00-10:30	崆峒山丹霞地貌实地考察
10:30-12:00	实践活动:崆峒山地质侦探
12:00-13:00	午餐及休息
13:00-15:00	实践活动:模拟考古挖掘
15:00-16:30	学生分组进行课题研究,并分享研究成果
16:30-17:00	研学旅行指导师总结,颁发研学证书,鼓励学生分享个人感悟
17:00-18:00	合影留念,清点人数,乘车返回

地理类两日游

08:00-09:30	出发前往崆峒山,集合签到,研学旅行指导师讲解活动注意事项
09:30-11:00	崆峒山丹霞地貌实地考察

续表

11:00-12:00	摄影活动：用相机或手机拍摄崆峒山风光
12:00-13:00	午餐及休息
13:00-15:00	实践活动：模拟考古挖掘
15:00-17:00	撰写考察报告，交流考察心得
17:00-18:00	晚餐及休息
18:00-20:00	摄影作品展示及评比会
20:00-07:30	夜间休息
07:30-08:30	起床穿衣叠被＋早餐
08:30-10:30	实践活动：崆峒山地质侦探
10:30-12:00	举办地质讲座
12:00-13:00	午餐及休息
13:00-15:30	学生分组进行课题研究，并分享研究成果
15:30-16:30	研学旅行指导师总结，颁发研学证书，鼓励学生分享个人感悟
16:30-18:00	合影留念，清点人数，乘车返回

2. 天文类

该部分内容重点选取第一部分第三讲，课程详情请参考第二部分第三讲。

天文类一日游

08:30-09:00	集合签到，研学旅行指导师讲解活动注意事项
09:00-10:30	崆峒山地质博物馆参观学习
10:30-12:00	实践活动：日晷制作并观察
12:00-13:00	午餐及休息
13:00-15:00	实践活动：太阳黑子的观测
15:00-16:30	学生分组进行课题研究，并分享研究成果

续表

16:30-17:00	研学旅行指导师总结，颁发研学证书，鼓励学生分享个人感悟
17:00-18:00	合影留念，清点人数，乘车返回

天文类两日游

08:00-09:30	出发前往崆峒山，集合签到，研学旅行指导师讲解活动注意事项
09:30-11:00	崆峒山地质博物馆参观学习
11:00-12:00	实践活动：日晷制作并观察
12:00-13:00	午餐及休息
13:00-15:00	实践活动：太阳黑子的观测
15:00-17:00	撰写考察报告，交流考察心得
17:00-18:00	晚餐及休息
18:00-20:00	实践活动：月亮观测之夜/星座观测实践
20:00-07:30	夜间休息/夜间星空露营
07:30-08:30	起床穿衣叠被+早餐
08:30-10:30	实践活动：天文知识竞赛
10:30-12:00	举办天文知识讲座
12:00-13:00	午餐及休息
13:00-15:30	学生分组进行课题研究，并分享研究成果
15:30-16:30	研学旅行指导师总结，颁发研学证书，鼓励学生分享个人感悟
16:30-18:00	合影留念，清点人数，乘车返回

3. 自然类

该部分内容重点选取第一部分第四讲，课程详情请参考第二部分第四讲。

自然类一日游

时间	活动
08:30-09:00	集合签到,研学旅行指导师讲解活动注意事项
09:00-11:00	崆峒山登山观光,趣味寻宝
11:00-12:00	自然知识问答竞赛
12:00-13:00	午餐及休息
13:00-15:00	动植物考察
15:00-16:30	学生分组进行课题研究,并分享研究成果
16:30-17:00	研学旅行指导师总结,颁发研学证书,鼓励学生分享个人感悟
17:00-18:00	合影留念,清点人数,乘车返回

自然类两日游

时间	活动
08:00-09:30	出发前往崆峒山,集合签到,研学旅行指导师讲解活动注意事项
09:30-11:30	崆峒山登山观光,趣味寻宝
11:30-12:30	摄影活动:用相机或手机拍摄植物
12:30-13:30	午餐及休息
13:30-16:00	动植物考察
16:00-17:00	撰写考察报告,交流考察心得
17:00-18:00	晚餐及休息
18:00-20:00	摄影作品展示及评比会
20:00-07:30	夜间休息
07:30-08:30	起床穿衣叠被+早餐
08:30-10:30	自然知识问答竞赛
10:30-12:00	自然拼图游戏
12:00-13:00	午餐及休息
13:00-15:30	学生分组进行课题研究,并分享研究成果

续表

15:30-16:30	研学旅行指导师总结，颁发研学证书，鼓励学生分享个人感悟
16:30-18:00	合影留念，清点人数，乘车返回

4. 历史类

该部分内容重点选取第一部分第五讲，课程详情请参考第二部分第五讲。

历史类一日游

08:30-09:00	集合签到，研学旅行指导师讲解活动注意事项
09:00-10:30	崆峒山文化遗迹探访
10:30-12:00	历史讲座与互动问答
12:00-13:00	午餐及休息
13:00-15:00	团队历史知识竞赛
15:00-16:30	学生分组进行课题研究，并分享研究成果
16:30-17:00	研学旅行指导师总结，颁发研学证书，鼓励学生分享个人感悟
17:00-18:00	合影留念，清点人数，乘车返回

历史类两日游

08:00-09:30	出发前往崆峒山，集合签到，研学旅行指导师讲解活动注意事项
09:30-10:30	崆峒山文化遗迹探访
10:30-12:30	历史讲座与互动问答
12:30-13:30	午餐及休息
13:30-17:00	历史故事角色扮演
17:00-18:00	晚餐及休息
18:00-20:00	撰写考察报告，交流考察心得
20:00-07:30	夜间休息
07:30-08:30	起床穿衣叠被 + 早餐

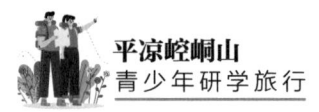

续表

08:30-10:30	团队历史知识竞赛
10:30-12:00	石刻拓片制作
12:00-13:00	午餐及休息
13:00-15:30	学生分组进行课题研究，并分享研究成果
15:30-16:30	研学旅行指导师总结，颁发研学证书，鼓励学生分享个人感悟
16:30-18:00	合影留念，清点人数，乘车返回

5. 人文类

该部分内容重点选取第一部分的第七讲，课程详情请参考第二部分第六讲。

人文类一日游

08:30-09:00	集合签到，研学旅行指导师讲解活动注意事项
09:00-10:30	崆峒山文化导览
10:30-12:00	实践活动：日晷制作并观察
12:00-13:00	午餐及休息
13:00-15:00	实践活动：崆峒山民俗手工艺体验
15:00-16:30	学生分组进行课题研究，并分享研究成果
16:30-17:00	研学旅行指导师总结，颁发研学证书，鼓励学生分享个人感悟
17:00-18:00	合影留念，清点人数，乘车返回

人文类两日游

08:00-09:30	出发前往崆峒山，集合签到，研学旅行指导师讲解活动注意事项
09:30-11:00	崆峒山文化导览
11:00-12:00	实践活动：崆峒山民俗手工艺体验
12:00-13:00	午餐及休息

续表

13:00-15:00	实践活动：民俗文化摄影大赛
15:00-17:00	撰写考察报告，交流考察心得
17:00-18:00	晚餐及休息
18:00-20:00	实践活动：对民俗文化摄影作品进行评选
20:00-07:30	夜间休息
07:30-08:30	起床穿衣叠被＋早餐
08:30-10:30	实践活动：文化互动与交流
10:30-12:00	举办崆峒山民俗文化讲座
12:00-13:00	午餐及休息
13:00-15:30	学生分组进行课题研究，并分享研究成果
15:30-16:30	研学旅行指导师总结，颁发研学证书，鼓励学生分享个人感悟
16:30-18:00	合影留念，清点人数，乘车返回

6. 国家类

该部分内容重点选取第一部分第九讲，课程详情请参考第二部分第七讲。

国学类一日游

08:30-09:00	集合签到，研学旅行指导师讲解活动注意事项
09:00-10:30	崆峒山实地考察
10:30-12:00	实践活动：国学文化体验活动
12:00-13:00	午餐及休息
13:00-15:00	国学文化讲座
15:00-16:30	学生分组进行课题研究，并分享研究成果
16:30-17:00	研学旅行指导师总结，颁发研学证书，鼓励学生分享个人感悟
17:00-18:00	合影留念，清点人数，乘车返回

国学类两日游

08:00-09:30	出发前往崆峒山，集合签到，研学旅行指导师讲解活动注意事项
09:30-11:00	崆峒山实地考察
11:00-12:00	实践活动：国学文化体验活动
12:00-13:00	午餐及休息
13:00-15:00	实践活动：国学文化体验营
15:00-17:00	撰写考察报告，交流考察心得
17:00-18:00	晚餐及休息
18:00-20:00	实践活动：国学经典诵读会
20:00-07:30	夜间休息
07:30-08:30	起床穿衣叠被＋早餐
08:30-10:30	实践活动：国学文化主题辩论赛
10:30-12:00	国学文化讲座
12:00-13:00	午餐及休息
13:00-15:30	学生分组进行课题研究，并分享研究成果
15:30-16:30	研学旅行指导师总结，颁发研学证书，鼓励学生分享个人感悟
16:30-18:00	合影留念，清点人数，乘车返回

7. 文化类

该部分内容重点选取第一部分第十讲，课程详情请参考第二部分第八讲。

文化类一日游

08:30-09:00	集合签到，研学旅行指导师讲解活动注意事项
09:00-10:30	崆峒山文化探寻
10:30-12:00	实践活动：武术实战体验
12:00-13:00	午餐及休息

续表

13:00-15:00	实践活动：武术剧场演出
15:00-16:30	学生分组进行课题研究，并分享研究成果
16:30-17:00	研学旅行指导师总结，颁发研学证书，鼓励学生分享个人感悟
17:00-18:00	合影留念，清点人数，乘车返回

文化类两日游

08:00-09:30	出发前往崆峒山，集合签到，研学旅行指导师讲解活动注意事项
09:30-11:00	崆峒山武术文化探寻
11:00-12:00	实践活动：武术实战体验
12:00-13:00	午餐及休息
13:00-15:00	实践活动：团队协作任务挑战
15:00-17:00	撰写考察报告，交流考察心得
17:00-18:00	晚餐及休息
18:00-20:00	实践活动：武术剧场演出
20:00-07:30	夜间休息
07:30-08:30	起床穿衣叠被＋早餐
08:30-10:30	实践活动：武术实战体验
10:30-12:00	武术文化讲座与交流
12:00-13:00	午餐及休息
13:00-15:30	学生分组进行课题研究，并分享研究成果
15:30-16:30	研学旅行指导师总结，颁发研学证书，鼓励学生分享个人感悟
16:30-18:00	合影留念，清点人数，乘车返回

8. 红色类

该部分课程详情请参考第二部分第九讲。

红色类一日游

08:30-09:00	集合签到，研学旅行指导师讲解活动注意事项
09:00-10:30	红色精神体验活动
10:30-12:00	红色故事演讲比赛
12:00-13:00	午餐及休息
13:00-15:00	红色文化创意非遗制作
15:00-16:30	学生分组进行课题研究，并分享研究成果
16:30-17:00	研学旅行指导师总结，颁发研学证书，鼓励学生分享个人感悟
17:00-18:00	合影留念，清点人数，乘车返回

红色类两日游

08:00-09:30	出发前往崆峒山，集合签到，研学旅行指导师讲解活动注意事项
09:30-12:00	红色精神体验活动
12:00-13:00	午餐及休息
13:00-15:00	红色故事演讲比赛
15:00-17:00	撰写考察报告，交流考察心得
17:00-18:00	晚餐及休息
18:00-20:00	"按图索骥"长征进程小游戏
20:00-07:30	夜间休息
07:30-08:30	起床穿衣叠被＋早餐
08:30-10:30	红色文化创意非遗制作
10:30-12:00	红色精神传承宣言
12:00-13:00	午餐及休息

续表

13:00-15:30	学生分组进行课题研究，并分享研究成果
15:30-16:30	研学旅行指导师总结，颁发研学证书，鼓励学生分享个人感悟
16:30-18:00	合影留念，清点人数，乘车返回

9. 体验类

该部分学习内容选取第一部分的第七讲、第八讲和第十讲，课程详情请参考第二部分第十讲。

体验类一日游

08:30-09:00	集合签到，研学旅行指导师讲解活动注意事项
09:00-11:00	亲子农场体验之旅
11:00-12:00	萌宠乐园互动时光
12:00-13:00	午餐及休息
13:00-14:30	非遗手工技艺传承课
14:30-15:30	环保小卫士行动
15:30-16:00	学生分组进行课题研究，并分享研究成果
16:00-17:00	研学旅行指导师总结，颁发研学证书，鼓励学生分享个人感悟
17:00-18:00	合影留念，清点人数，乘车返回

体验类两日游

08:00-09:30	出发前往崆峒山，集合签到，研学旅行指导师讲解活动注意事项
09:30-10:30	崆峒山山地观光及武术与围棋文化体验
10:30-12:00	亲子农场体验之旅
12:00-13:00	午餐及休息
13:00-15:00	萌宠乐园互动时光
15:00-17:00	撰写考察报告，交流考察心得

续表

17:00-18:00	晚餐及休息
18:00-20:00	非遗手工技艺传承课
20:00-07:30	夜间休息
07:30-08:30	起床穿衣叠被＋早餐
08:30-11:00	重走长征路活动
11:00-12:00	环保小卫士行动
12:00-13:00	午餐及休息
13:00-15:30	学生分组进行课题研究，并分享研究成果
15:30-16:30	研学旅行指导师总结，颁发研学证书，鼓励学生分享个人感悟
16:30-18:00	合影留念，清点人数，乘车返回

10. 身心健康类

该部分内容选取第一部分的第八讲和第十讲，课程详情请参考第二部分第十一讲。

身心健康类一日游

08:30-09:00	集合签到，研学旅行指导师讲解活动注意事项
09:00-10:30	山地生态探索行
10:30-12:00	武术修行体验营
12:00-13:00	午餐及休息
13:00-14:30	性格色彩活动
14:30-15:30	智慧围棋对决
15:30-16:30	学生分组进行课题研究，并分享研究成果
16:30-17:00	研学旅行指导师总结，颁发研学证书，鼓励学生分享个人感悟
17:00-18:00	合影留念，清点人数，乘车返回

身心健康类两日游

08:00-09:30	出发前往崆峒山,集合签到,研学旅行指导师讲解活动注意事项
09:30-11:00	山地生态探索行
11:00-12:00	武术修行体验营1
12:00-13:00	午餐及休息
13:00-15:00	武术修行体验营2
15:00-17:00	撰写考察报告,交流考察心得
17:00-18:00	晚餐及休息
18:00-20:00	性格色彩活动
20:00-07:30	夜间休息
07:30-08:30	起床穿衣叠被＋早餐
08:30-10:30	攀岩与团队拓展
10:30-12:00	智慧围棋对决
12:00-13:00	午餐及休息
13:00-15:30	学生分组进行课题研究,并分享研究成果
15:30-16:30	研学旅行指导师总结,颁发研学证书,鼓励学生分享个人感悟
16:30-18:00	合影留念,清点人数,乘车返回

注:以上行程安排为编者建议,可根据书本内容灵活调整。

第十三讲　研学总结

经过崆峒山的研学旅行，同学们了解了崆峒山丰富的地理、历史、文化知识，在实践能力、团队协作等方面得到锻炼，学会了如何在实际场景中运用所学知识去分析问题、解决问题。为了让学生们加深知识的理解，拓宽视野，实现知识的传递与互补，研学总结有利于优化后续研学方案和提升研学质量。

因此，在研学旅行结束之际，指导学生回顾自己的研学经历，尝试撰写一份研学总结报告。

> ➡ **小贴士：总结的一般思路**
>
> 总结的一般思路通常遵循科学研究的基本框架：提出问题—分析问题—解决问题。
>
> 常见研学总结结构：参加这次研学旅行前我想知道什么—来了崆峒山我看到了什么—经过学习之后知道了为什么会这样—我通过这几天的学习最后了解到了什么，学习到了什么。

附 件

附件1 青少年研学旅行安全承诺书

我_____，身份证号码_____，自愿参加本次研学活动，加强自我保护、自我防范意识，树立"安全第一"的思想，为了维护自身安全及团队利益，特此郑重承诺如下：

一、安全承诺

研学旅行活动期间保证遵守国家法律法规、企业或公司规章、校纪校规，遵守社会公德，不参与任何危险或违法活动，不接触危险物品，不带火种进山，不擅自接受陌生人的帮助或礼物。

我将严格遵守研学旅行的相关规定和安排，不擅自行动，不私自离队，不单独行动，确保个人安全。

我将认真聆听研学旅行指导师的安全教育和注意事项，遵守交通规则，不闯红灯，不随意穿越马路，确保交通安全。

在旅行过程中，我将注意个人财物的安全，不随意放置或丢失物品，避免造成不必要的损失。

我将尊重当地的风俗习惯和文化传统，遵守景区管理规定，爱护自然和人文景观，保护公共设施，不破坏环境，不随意乱扔垃圾，做到文明出行。

二、团队合作承诺

我将按规定时间和地点积极参与研学集体活动，认真完成研学任务，与团队成员保持良好的沟通和合作，共同营造和谐的研学氛围。

在遇到困难和问题时,我将及时与研学旅行指导师或团队成员沟通,共同解决问题,不私自作出决定或行动。

三、责任承担

如因我个人违反上述承诺,造成任何损失或伤害,我愿意承担相应责任,并积极配合组织方进行善后处理。

四、其他事项

我将保持通信畅通,及时与组织方或家长/监护人保持联系,报告行程进展和安全情况。

此安全承诺书一式两份,需青少年本人及其家长/监护人亲笔签名并注明日期后,一份由青少年本人留存,确保每位参与研学的青少年及其家长/监护人都能明确了解并遵守相关安全承诺。另一份由活动组织者保留备查。

特此承诺!

承诺人签名:＿＿＿＿＿＿＿＿

日期:＿＿＿年＿＿＿月＿＿日

家长/监护人签名:＿＿＿＿＿＿

日期:＿＿＿年＿＿＿月＿＿日

附件2　研学活动评价表

过程性评价表

评价类别	评价标准	评价记录				
		第一天	第二天	第三天	第四天	第五天
考勤情况	A. 从未迟到 B. 1次集合迟到 C. 2~3次集合迟到 D. 经常集合迟到					
课堂纪律	A. 遵守纪律 B. 偶尔不遵守纪律 C. 经常不遵守纪律 D. 完全不遵守纪律					
听讲情况	A. 能积极主动听讲 B. 提醒后能听讲 C. 经常分心 D. 完全不听讲					
发言讨论	A. 能积极主动发言 B. 偶尔主动发言 C. 被动发言 D. 不配合发言					
就餐礼仪	A. 排队打饭，不挑食 B. 插队打饭 C. 经常插队打饭，挑食 D. 只吃零食					
团队合作	A. 互帮互助 B. 与组员沟通不多 C. 不乐意沟通 D. 以自我为中心					

续表

评价类别	评价标准	评价记录				
		第一天	第二天	第三天	第四天	第五天
礼貌修养	A. 尊重他人 B. 个人修养需提高 C. 漠视他人，不礼貌 D. 说脏话，不尊重人					
环保	A. 不丢垃圾，主动捡拾垃圾 B. 不丢垃圾 C. 乱丢垃圾 D. 丢垃圾且经提醒后不捡拾					
分享活动	A. 主动参与并分享 B. 提醒后分享 C. 只参与不分享 D. 不参与					
作业完成	A. 内容丰富，认真书写 B. 感悟不深，书写认真 C. 内容简单，书写一般 D. 内容不完整，书写潦草					
自我总评等级	A. 优秀 B. 良好 C. 合格 D. 不合格					
研学旅行指导师总评等级	A. 优秀 B. 良好 C. 合格 D. 不合格					
学生签字			研学旅行指导师签字			

总结性评价表

评价类别	评价标准	评价记录				
		第一天	第二天	第三天	第四天	第五天
对路线规划的评价	路线景点是否具有吸引力（5分）					
	路线与课程主题是否相关（5分）					
	路线上的学习资源是否丰富（5分）					
	路线是否安全（5分）					
	路线时间分配是否合理（5分）					
	餐饮是否安全、卫生、可口（5分）					
	住宿是否舒适、安全（5分）					
对课程方案的评价	课程结构是否完整、规范（5分）					
	课程主题是否吸引人（5分）					
	课程的环节安排是否合理（5分）					
	课程的内容是否吸引人（5分）					
	课程的实施效果是否满意（5分）					
	课程是否给你带来了较好的收获和体验（5分）					

续表

评价类别	评价标准	评价记录				
		第一天	第二天	第三天	第四天	第五天
对研学旅行指导师的评价	研学旅行指导师是否具备专业知识（5分）					
	研学旅行指导师的活动组织是否完善（5分）					
	研学旅行指导师的行为是否规范（5分）					
	研学旅行指导师是否具有较好的安全意识（5分）					
	研学旅行指导师的教学效果是否满意（5分）					
	研学旅行指导师是否与你相处融洽（5分）					
每日总得分						
平均分		学生签字		研学旅行指导师签字		

附件3　崆峒山户外研学旅行注意事项

一、服装鞋帽选择

防风保暖外套：崆峒山地处山区，气候变化较大，早晚温差可能较大，因此建议穿着轻便且能防风、保暖的外套，以应对不时之需。

功能性登山裤：选择舒适、耐磨且具有一定防水性能的登山裤，以应对山间的湿滑地面和可能的露水。

透气运动鞋：穿着透气性好、防滑耐磨的运动鞋或登山鞋，确保行走时的舒适与安全。

帽子与围巾：帽子可以遮阳挡风，围巾则可以保暖，特别是在风大的日子，围巾还能防止冷风直接吹入脖子。

手套与袜子：手套可以保暖并防止手部受伤，建议选择透气性好、防滑的手套；袜子应选择吸湿排汗、保暖性好的材质，避免脚部受凉或产生湿气。

二、生活用品准备

背包：选择轻便、容量适中的背包，用于携带饮用水、食物及其他必要物品。

饮用水与食物：确保携带足够的饮用水和能量食物，如坚果、能量棒等，以补充体力。

防晒霜与防蚊液：山区阳光强烈，蚊虫较多，因此需准备防晒霜和防蚊液，保护皮肤免受伤害。

个人卫生用品：携带纸巾、湿巾、洗手液等个人卫生用品，保持清洁。

应急药品：携带一些常用药品，如创可贴、感冒药、止痛药等，以备不时之需。

三、其他安全事项

了解天气：出行前了解崆峒山的天气情况，做好相应的准备。如遇恶劣天气，应调整行程或选择其他活动。

健康确认：确保参与研学的青少年体格健康，无不适宜户外活动的疾病。同时，了解他们的过敏史、疾病史、药物使用情况等信息，以便在紧急情况下提供及时的救助。

保持联系：与家长或研学旅行指导师保持联系，告知行程及安全情况，如遇紧急情况及时求助。

听从指挥：登山活动时应接受研学旅行指导师的指导和监督，严格遵守研学活动的各项规章制度，包括基地规则、交通规则等。不擅自离队或私自行动，确保个人安全。

遵守景区规定：遵守崆峒山景区的各项规定，不随意攀爬、破坏文物古迹，保持环境整洁。

食品安全：在研学活动中，应选择有信誉和清洁的餐厅就餐，避免食用不洁净的食物和饮料，以防食物中毒等风险。

财物安全：青少年应保护好自己的财物和贵重物品，不要将所有的现金和贵重物品放在一个地方。最好使用安全的钱包、背包或者挂在身上的钱包，以防止被偷窃或丢失。

注意防火：在山区严禁烟火，防止火灾事故的发生。

注意防滑：山区地面湿滑，行走时需特别注意防滑，避免摔倒受伤。

现场应急救护：对于可能发生的意外伤害，如扭伤、划伤等，应提前准备急救药品和工具，并对研学旅行指导师进行必要的急救培训。在发生紧急情况时，应迅速采取必要的急救措施，并及时联系医疗机构进行救治。

参考文献

[1] 仇非.新修崆峒山志.兰州：甘肃人民出版社，1996.
[2] 吴烨.问道崆峒——崆峒道教暨道文化.北京：中国当代艺术出版社，2015.
[3] 周为.崆峒天下围棋第一地.平凉市道学文化研究会、平凉市围棋协会编印.
[4] 马得瑜.历代崆峒诗文注解.北京：中国社会科学出版社，2019.
[5] 赵先明.崆峒山楹联集粹.兰州：甘肃人民美术出版社，2015.
[6] 崆峒武术.崆峒山大景区、国家级风景名胜区崆峒山管理局、平凉文化旅游产业投资集团有限责任公司.

图书在版编目（CIP）数据

平凉崆峒山青少年研学旅行 / 王昕主编. -- 北京：旅游教育出版社，2025.3. -- ISBN 978-7-5637-4863-1

Ⅰ.F592.742.3

中国国家版本馆CIP数据核字第2025HZ5084号

平凉崆峒山青少年研学旅行
王昕 主编

责任编辑	郭珍宏
出版单位	旅游教育出版社
地　　址	北京市朝阳区定福庄南里1号
邮　　编	100024
发行电话	（010）65778403　65728372　65767462（传真）
本社网址	www.tepcb.com
E-mail	tepfx@163.com
排版单位	北京旅教文化传播有限公司
印刷单位	天津雅泽印刷有限公司
经销单位	新华书店
开　　本	710毫米×1000毫米　1/16
印　　张	16.5
字　　数	194千字
版　　次	2025年3月第1版
印　　次	2025年3月第1次印刷
定　　价	68.00元

（图书如有装订差错请与发行部联系）